「天職」を発見する

就活必勝の極意

大川隆法
Ryuho Okawa

本対談は、2016年11月15日、幸福の科学総合本部にて、
公開収録された（写真上・下）。

まえがき

高校時代や大学時代には、成績が良ければ、外見や性格の異端性《いたんせい》が強くとも、「天才」扱いされることもある。

しかし就職活動の時期に入《はい》ると、対人関係能力の低い人や、愛嬌《あいきょう》のない人、うまく受け答えができない人、見てくれの悪い人たちは、バサバサと落とされていく。はっきり言えば経歴も良く、外見も良く、好感を持たれるタイプが一流企業では残りやすい。

しかし、例外は何にでもある。異常な熱意を持った者、スポコン型人間（体力派）、他の人が持ってない経験や資格、才能を持っている者も好まれる。別の表現をしよう。企業や組織では、粘《ねば》り強さ、やり抜く力、目標管理や時間管理ができる人、採算感覚のある人、チームワークを作る能力や夢を語る能力のある人、人を魅《ひ》きつける能力のある人、説得力、交渉力、PR力のある人も探している。就活必勝のためには、こうした武器も磨《みが》いておきたいものだ。

二〇一七年　三月七日

幸福《こうふく》の科学《かがく》グループ創始者兼総裁《そうししゃけんそうさい》　大川隆法《おおかわりゅうほう》

「天職」を発見する

就活必勝の極意

目次

「就活がんばるぞ!」

就活ゆうしゃ Lv.0

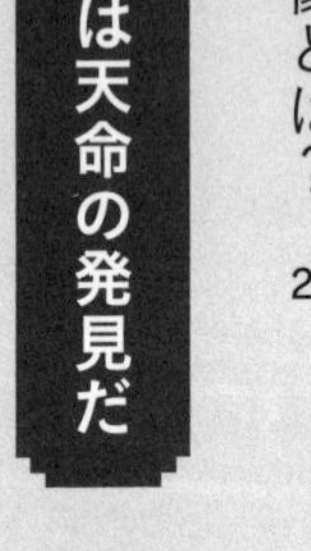

極意2 就職活動そのものが社会人訓練のスタート

極意3 就職を見据《みす》えた学生時代の過ごし方のコツ

極意4　これが、「自己PR」の腕《うで》を磨《みが》く秘訣《ひけつ》

極意7 「就活のストレス耐性《たいせい》」がつく「考え方」を覚えよう

極意8 企業が〝実戦配備〟したくなる人材の〝武器〟を授《さず》ける

「天職」を発見する

就活必勝の極意

Commentator
解説者

大川隆法《おおかわりゅうほう》

幸福の科学グループ創始者 兼《けん》 総裁

大川紫央《おおかわしお》

幸福の科学総裁補佐《ほさ》

Interviewer
質問者

三宅早織《みやけさおり》

幸福の科学常務理事 兼 人事局長

池田太朗《いけだたろう》

幸福の科学学生局長

*役職は収録時点のもの

*2016年11月15日 収録
東京都・幸福の科学総合本部にて

序章

まず、今の就活の全体像を知ろう

厳しい戦いに、採用する側《がわ》から少しでもヒントをあげたい

三宅　ただいまより、「就職活動」をテーマに「就活必勝対談」を始めさせていただきます。大川隆法総裁、大川紫央総裁補佐《ほさ》、よろしくお願いいたします。

大川隆法　はい。このたび、学生局●長が新しい方になりましたが、おそらく、これから学生を中心に就職相談なども多く出るでしょう。

そこで今回は、学生のみなさんに、「採用する側《がわ》がどんなところを見ているのか」ということについて、考え方等を教えることができればよいと思っています。

もちろん、一般《いっぱん》の企業《きぎょう》への就職希望者もいるでしょうが、HSU●（ハッピー・サイエンス・ユニバーシティ）には幸福の科学の職員

就活って、何をすればいいんだろう？
就活ゆうしゃ Lv.0

●**学生局**　幸福の科学の学生の活動をサポートし、伝道を推し進める部局。学生部は、大学生や短大生、専門学校生を中心に、キャンペーンやセミナー、政治活動等の啓蒙活動を行っている。また、勉強会や仲間と交流する合宿なども開催している。

になることを希望する方もかなりいるはずです。そういう意味では、当会が必要としている人材像について、人事局長にも入っていただいてチラチラと言っておくのもよいかもしれません。そうしないと、学生側が一生懸命《いっしょうけんめい》努力していたところで、それがまったく違《ちが》う方向の努力であれば、意味をなさないでしょう。やはり、こちらの情報を少しは知っておいたほうがよいのではないかと思うのです。

そういうことで、今日は、あまり飾《かざ》らずに、言いたいことは言っておこうかと考えています。

さて、今回の対談のきっかけは、単純なことではありますが、二つあります。

一つは、HSUの一年生で、未来創造学部にいる私の次女の愛理《あり》沙《さ》から聞いた話です。彼女によると、「みんな、就職が心配で心配で、どういうふうになるのかがさっぱり分からない」というような感じ

●HSU（ハッピー・サイエンス・ユニバーシティ）
「現代の松下村塾《しょうかそんじゅく》」として二〇一五年に開学した「日本発の本格私学」（創立者・大川隆法）。「人間幸福学部」「経営成功学部」「未来産業学部」「未来創造学部」の4学部からなる。

●未来創造学部
HSUの学部の一つ。「政治・ジャーナリズム専攻コース」と「芸能・クリエーター部門専攻コース」からなり、人々を幸福にする政治・文化の新しいモデルを発信する人材の輩出を目指す。二〇一七年四月には未来創造・東京キャンパスが開設予定。

なのだそうです。

就活は三年生からあとが本番だと思いますが、ＨＳＵにはまだ二年生までしかいないので、やや手探《てさぐ》りでやっているところがあるのでしょう。それで、「就職できるのだろうか」という心配をしているらしいのです。

もちろん、一般企業への就職ルートも開拓《かいたく》していますし、当会のほうも、採用枠《わく》等を増やすように努力したりもしているのですが、それだけでは済まないのかもしれません。やはり、「どういう人が求められるのか」というところを、もう少し言っておいてあげないといけないのかなとは思っています。

もう一つのきっかけは、佐藤健《さとうたける》さん主演の映画「何者《なにもの》」（二〇一六年十月公開）を観《み》たことです。あまり流行《はや》っていないようではありますが、これは、「主人公が、就活で成功できず、就活二年目に

HSUの校舎棟正面の「立志門《りっしもん》」（千葉県長生郡）

なるも落ち続けていて、やや二重人格風になっている」という〝暗い〟映画でした。あれを観て、「ああ、けっこう厳しいんだな」と感じたので、「大人の側から、少しでもヒントになるようなことを何か言えたらいいな」という気持ちがあるのです。

　就活については、当会でも教えとしては出ているものの、もう一度、学生目線《めせん》に立って、「訊《き》かれたらこういうふうに答えるかな」というあたりを話せたらよいでしょう。今日は学生が来ていませんが、学生局長は来ているので、彼がちらほらと聞いている話などから、うまくつかみ出していければいいかと思います。

三宅　ありがとうございます。

●映画「何者」
朝井リョウの同名小説を原作とする邦画(二〇一六年公開／東宝)。大学生五人が就職活動を通してさまざまな葛藤を経験し、「自分はいったい何者なのか」を見つめ直していく姿が描かれている。

学生が直面している就職活動の現状とは？

三宅　お話にありましたように、今、映画でも就職活動が取り上げられているわけですが、まず初めに、「就活の現状」について、学生局長から説明していただければと思います。

池田　本日はよろしくお願いいたします。

大川隆法　はい。

池田　それでは、現状といたしまして、世間《せけん》一般の全体的な就職活動状況《じょうきょう》のところから、簡単に説明させていただきます。

まず、二〇一一年あたりですが、いわゆる〝就職氷河期《ひょうがき》〟といわれていました。不況の影響《えいきょう》でかなり就職が厳しく、社会問題にもなっていたと思うんです。

ただ、二〇一六年現在は就職氷河期を脱《だっ》しており、かなり高い就職率にはなっているので、大学生全体の雰囲気《ふんいき》としても、就職活動そのものに対して、五年前の当時あった悲壮《ひそう》感や絶望感のようなものはなくなっています。「しっかり取り組めば、いい就職ができる」ということで、就活に対する苦手《にがて》意識などのマイナスの部分は、当時ほどはなくなってきたというのが、最近の動向です。

大川隆法　うん、うん。

池田　また、幸福の科学学園の卒業生も含《ふく》めた当会の学生部員からよく聞く意見としては、やはり、「就職活動を行《おこな》っていくなかで、

●幸福の科学学園　幸福の科学の教育理念の下《もと》に創られた中学校・高等学校（学校法人）。宗教教育の導入を通じて精神性を高めながら、ユートピア建設に貢献する人材の輩出を目指している。二〇一〇年に那須本校（栃木県那須郡（全寮制））が、二〇一三年に関西校（滋賀県大津市）が開校。

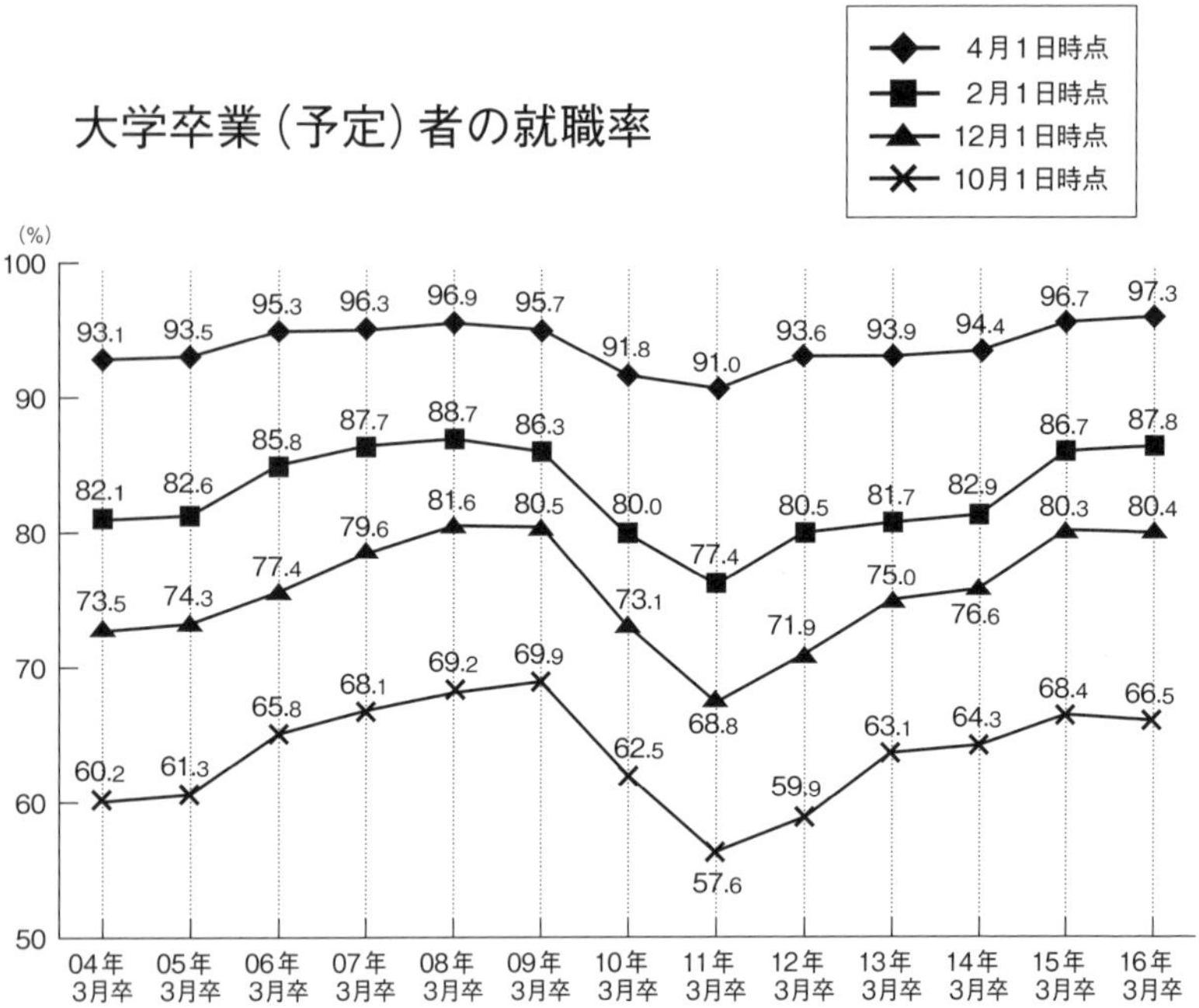

日本では、バブル崩壊後の 1993 〜 2005 年が「就職氷河期」と呼ばれていた。近年では、リーマンショック後の 2010 年卒〜 2013 年卒あたりも「就職氷河期」といわれた。(厚生労働省・文部科学省「大学等卒業予定者の就職内定状況調査」をもとに作成)

当会の活動とどのように両立させたらいいか」、「いつ、どのようなタイミングで、どのように手を打っていけば、上手に就職活動ができるのか」といったものがあります。

さらには、ある種の信仰告白《しんこう》ではありますが、「当会で活動していることを、就職活動中にどのように伝えるのか。それとも、伝えずに就職活動をしていくほうがよいのか」といったところで悩《なや》むような学生も多くいるようです。

なお、HSU生に関しては、やはり、一期生であるために、前例がないとか、先輩《せんぱい》がいないとかいう問題があります。特に、現実的なところで言うと、HSUの場合、現段階では学位がもらえません。そのせいか、まだ二年生ではありますが、漠然《ばくぜん》とした不安のようなものを持っている学生は少なからずいるのではないかなというのが、私から見た印象でございます。

大川隆法　まあ、ＨＳＵ生には、「人事局は、成績順に上から採《と》っていくものだ」と思っている人がだいぶいるようなので、中位層、下位層あたりの人は、「もしかしたらどこにも決まらないんじゃないか」という不安を持っているようですね。「上位層のことは、企業のほうも教団のほうもどちらも欲《ほ》しがるだろう。でも、中位層から下位層はどこにも決まらないんじゃないか」という不安を抱《かか》えているらしいとは聞きました。

就活スケジュールの全体像とは？

大川隆法　それでは、全般的に、ガイダンスになるような話をしていきましょうか。

今、「就職氷河期は脱した」と言われていましたが、就活のスケジュールは、少し先延《さきの》ばしになったんでしたか？

三宅　一時期先延ばしになったのですが、本年度（二〇一六年）から、少しまた前倒《まえだお》しになりました。

大川隆法　前倒しになったんですね。

三宅　はい。ですので、来年（二〇一七年）も同様の方向で進んでおります。

大川隆法　そうすると、今は、就活はいつごろに始まって、いつごろに内定が出るぐらいの感じと考えたらいいのでしょうか。

大川紫央　最近は、三年生が終わる三月ぐらいからエントリーを開始して、四年生の六月ぐらいから本格的な面接が始まるようです（ただし、会社によって異なるところもある）。

大川隆法　本当に四年生の六月だと信じていいんですか。大丈夫《だいじょうぶ》ですか。

三宅　ええ。経団連に加盟している企業は六月から始まりますが、いろいろとお話を伺《うかが》わせていただくなかで、「どう時間を使ったらよいのか、就職活動の全体像が見えない」というお声はよく聞きます。

大川隆法　うーん。

近年の就職活動スケジュール

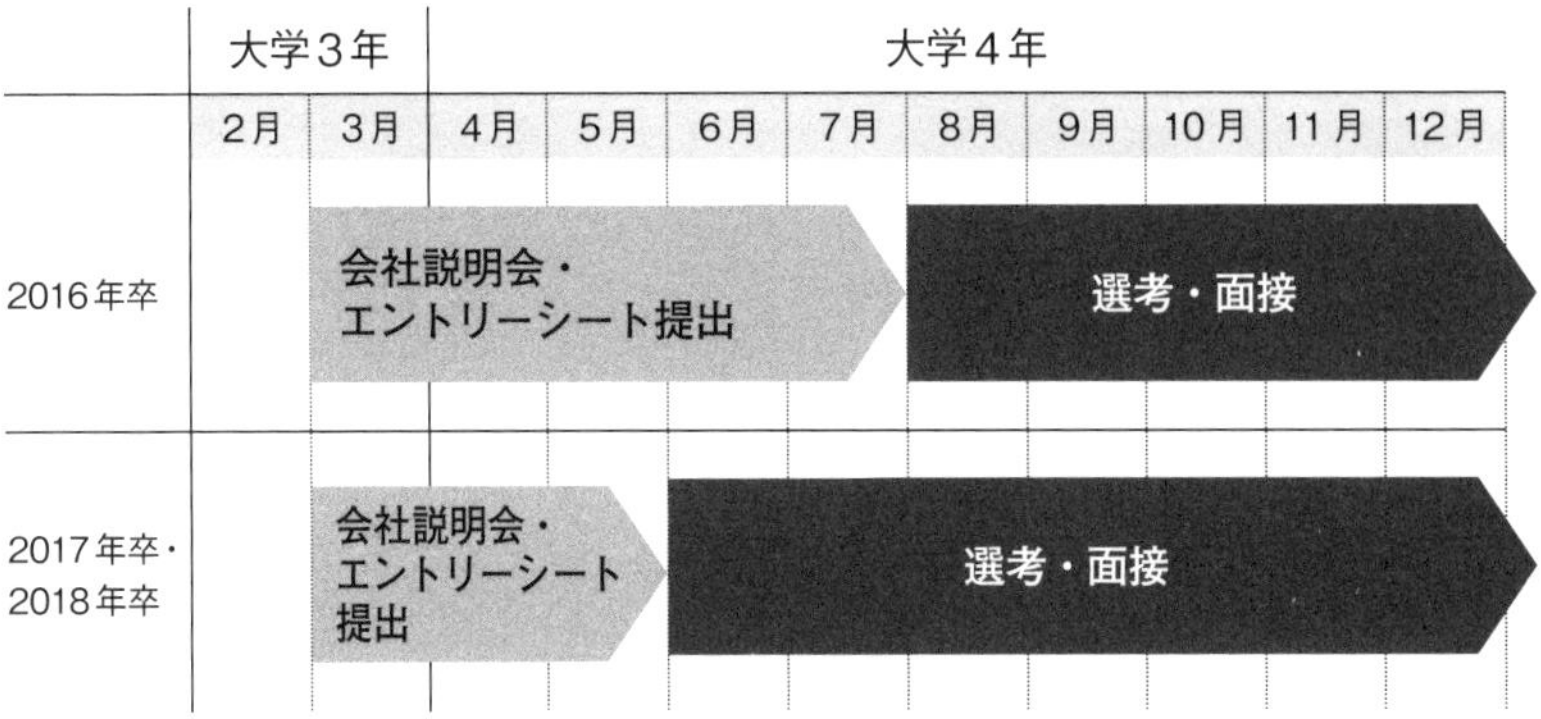

企業による新卒学生への「会社説明会」や「面接」のスタート時期、および「採用内定日」などの日程は、経団連が毎年発表する指針に基づいて決められている。ただし、対象になるのは経団連に加盟している企業なので、外資系企業やベンチャー系企業の場合は異なる。

三宅　就職活動をしていた方からも、その周りの方々からも、「今、どういう状態で、何をしているのかが分からない」ということを聞きました。そこで、まず、その全体像についてのお話をさせていただければと思います。

ふ〜ん、なるほど！
就活ゆうしゃは
レベルが上がった！

極意1

▼

就職活動の「意味」、それは天命の発見だ

みんな「就職の意義」が分からずに苦しんでいるもの

三宅　幸福の科学職員として出家《しゅっけ》した方には、大手企業《きぎょう》に受かった方もいます。

その方は、一般《いっぱん》の就活セミナー等にも行かれたそうですが、（『就活必勝法』〔大川紫央著、宗教法人幸福の科学刊〕を掲《かか》げながら）この『就活必勝法』を読んでバイブルとし、そのおかげで大手企業に受かったと言っていました。いちばん大きかったのは、「就職の意味を知ることができた」ということだったらしいのです。

具体的には、この本のなかにある、「『就職』について宗教的に述べるとすると、『自分の天命とは何になるのか。自分の使命は、どこにあるのだろうか』という公案《こうあん》のようなものである』と言えるでしょう」という箇所《かしょ》ですね。

そもそも、就職ってなんでしなきゃいけないんだ？
就活ゆうしゃ Lv.1
知識
体力
経験
勇気

大川隆法　うん。

三宅　要するに、第一歩として、「就活の意義」が分からずに苦しんでいる就活生はとても多いようなのです。

また、当会では、総裁先生から「就職祈願《きがん》」を頂いておりますが、そのなかでも、「人間がこの世に生まれてきた理由《わけ》は仕事を通して社会に貢献《こうけん》するためです」と教えていただいております。

大川隆法　うん、うん。

三宅　ここがとても大きなところかと思いますので、まず、「就職の意義」についてお話を賜《たまわ》れればと思います。

●『就活必勝法』
著者自身の就活経験をもとに語った、就職成功へのアドバイスとQ&Aを収録（大川紫央著、宗教法人幸福の科学刊）。

●「就職祈願」
幸福の科学の精舎で執《と》り行われている祈願の一つ。松下幸之助の霊示による祈願であり、仏神《ぶっしん》の期待に応え、世の中のお役に立つことを決意し、社会貢献の場としての職場を与えていただくことを祈る。

Web《ウェブ》テストや筆記試験で測られるものとは？

大川隆法　先日観《み》た映画「何者」でもやっていましたが、就活では、今は、●Web《ウェブ》テストなどというものが先にあるようですね。それから、複数の人を並べて一分間ぐらいで自己PRをさせたり、グループディスカッションのようなものを行《おこな》ったりして、だんだんに選び分けていくようです。

私は、Webテストといったものを受けたことがないのですが、本当にみんなやっているんですか。

大川紫央　最近は、「Webテストをやる会社」と、実際に筆記試験の会場があって、「筆記でテストを受けさせる会社」と両方あります。

●Webテスト　各企業の採用テスト。自宅や学校などのパソコンを使い、インターネット上で受験する。語学力や数学、性格などを見るための問題が出題され、新卒採用の初期選考で実施されることが多い。

大川隆法　ああ、「小論文」を書かせたりするところもあるでしょうね。

大川紫央　あるいは、「面接だけ」になる場合もあるようです。

大川隆法　うん、うん。

大川紫央　「エントリーシート」なども、Ｗｅｂで出したりもしていたかとは思います。

大川隆法　エントリーシートは書くんですね。なるほど。

映画で観た感じだと、Ｗｅｂテストはやや算数に近く、計算が合うかどうかというようなことで頭をチェックする雰囲気《ふんいき》のものでした。「英語は得意なんだけど、そちらのほうは全然できない」と怯《ひる》んでいる人が出てきましたが、そういうものなんですかね。

大川紫央　確かに、もう一回受験勉強をしている感覚はあるかもしれません。

大川隆法　私自身は経験がないのですが、私が勤めていた会社などでも、女子をOLとして採る場合には、数字の感覚というか、計数感覚があるかどうかをチェックする試験がありましたね。例えば、財務や経理などには、計数感覚のないタイプ、よく計算間違《まちが》いをするようなタイプの人は配属できないわけです。それで、そういう試験をしていたという話を聞いたことがあります。

あとは、英語の試験等はみんなあったようですが、昔も、人によっていろいろ違ったのかもしれません。

「天命」や「天職」の見つけ方

大川隆法　「就職の意義は何か」という質問でしたが、やはり、「就職活動を通じて自分の天命を発見する」というところが大きいのではないかと思うんですよ。もちろん、学生時代には、勉強することを通じてそういうところを求めているとは思いますけれどもね。

ともかく、生まれてから二十年ぐらいは、親に面倒《めんどう》を見てもらい、他人様《ひとさま》にお世話になりながら、育ててもらう人生だったとは思うんです。しかし、そこから、自分なりに〝武器〟を磨《みが》いて、自立して世の中を生きていくとか、家族を持つとか、人生設計をするんですね。そのように、「自分はどういう人生を生きるか」というこ

とを考えていく時期、その移行期は、「学生の間」だと思うんですよ。その意味で、天命を知る時期でしょう。

しかし、「天職、天命が分かるか」といえば、そう簡単に分かるものではありません。ここがいちばんつらいところですね。

業種はたくさんあって、リクルートブックのようなものを数多く読んでも、実際に働いていない以上、よく分からないんですよ（笑）。働いたことがない職業については、活字で読んでも、説明を聞いても、結局、分からないわけです。

それで、OB訪問をするなどして、働いている人にいろいろと話を聞いたりすることが多いのでしょう。ただ、OB訪問といっても、それ自体が試験になっていることも多いので、実際には、こちらが選ぶより前に選ばれているようなところもありますね。

なかには、適性をあまり考えずに、学校の成績だけでどこに行くかを決めてしまう人もいるかもしれません。例えば、資格試験に受かる場合もあれば、「学校の成績で○△点以上、あるいは優《ゆう》が××個だったらどこそこに行ける」という場合もあるでしょう。そのように、「受験の延長」といった感じで就職することもあるのです。

ともかく、「天命を知る」のには、私自身もすごく苦労しましたし、簡単なことではないと思います。

また、現在、日本が〝ややアメリカ化〟してきているところを見れば、今世《こんぜ》の人生で二、三回ぐらい転職することもありえる時代には入っているかもしれません。そういう意味では、決め切れない面はあるでしょう。

ちなみに、アメリカでは、●不動産業と大統領業との両方を経験するような人も出てきました。しかし、不動産業をやっている間に、それだけではなく、経済全体の勉強をしたり、政治に関心を持って

●**不動産業と大統領業との両方を経験するような人**　「不動産王」とも呼ばれるアメリカの実業家ドナルド・トランプ氏は、二〇一六年十一月、アメリカ大統領選において次期大統領に選ばれ、二〇一七年一月二十日、第四十五代大統領に就任した。

勉強したりしていなければ、やはり政治家にはなれなかったはずです。

そのように、やや流動性がある部分は考えておかなければいけないとは思いますが、基本的には、「天命の発見」であり、「天職とは何か」についての答えを求めることが大事ではないでしょうか。

そして、その答えは、自分が好きなこととの延長上にある場合が多いのは事実です。天命は、だいたい自分が好きなこととの延長上にあって、それと、採用する側の「こういう人が欲しい」という条件とがクロスしたときに、就職は成立するのです。

ただ、これがクロスしない場合もあります。例えば、「自分はこういうふうにしたいと思うけれども、そういう職場がない」ということであれば、自分なりにアルバイトなどをしながら、道を拓《ひら》いていかなければいけないこともあるかもしれません。

あるいは、自分の外側に評価の〝ものさし〟がある方であれば、人から尊敬されるような順番とか、あるいは、親が喜んでくれると思う順番とかで決めたりすることもあるでしょう。

いずれにせよ、「就活」は、基本的には、〝大人になる儀式《ぎしき》〟の一つであり、〝イニシエーション〟なのかなと、私は思っています。

就活の極意

■「天命」や「天職」は「自分が好きなこと」の延長上にある場合が多い。

■それと、採用する側《がわ》の「こういう人が欲しい」という条件とがクロスしたときに、就職は成立する。

■「就活」とは、基本的に“大人になる儀式”の一つであり、“イニシエーション”である。

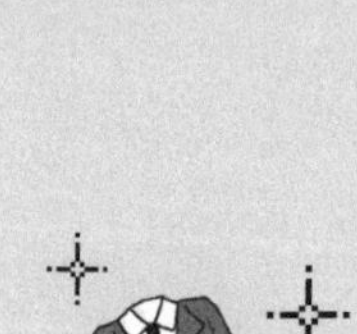

就活ゆうしゃは
天命のスーツを
手に入れた！
レベルが上がった！

極意2

▼

就職活動そのものが社会人訓練のスタート

就活の時期は人生の方向転換《てんかん》をする「チャンス」だ

大川紫央　『就活必勝法』（前掲《ぜんけい》）のなかでも述べたように、就活をする時期というのは、自分の人生が一つの道に決まっていく時期ですよね。「今まで、いろいろな選択肢《せんたくし》があったなかから、自分がどういう仕事に就《つ》くか」ということが決まっていく、非常に重要で大きな「人生のターニングポイント」の一つにもなると思うんです。

そのため、私自身もすごく悩《なや》んで、苦しかった時期でもありました。

みなさん、「エントリーする時期は、いつなのか」とか、いろいろと漠然《ばくぜん》とした不安があると思うんですね。

やはり、今まで、受験勉強をして大学を受けるなどしていた

少しわかってきた！
さっそくとりかかろう！
就活ゆうしゃ Lv.2
知識
体力
経験
勇気

とはいえ、どちらかというと、「受け身の人生」の時間が長かったのかなと思うんですよ。ところが、就活になってくると、今度は急に、自分で動いて、いろいろ調べたり、情報を取得したりして、やっていかないといけなくなるわけです。

その部分の転換《てんかん》をしなければならないのではないかと思いました。

大川隆法　それは、つまり、こういうことでしょう。

大学に入るときには難易度《なんいど》があって、例えば、早稲田《わせだ》なら早稲田で学部がたくさんありますが、「このくらいから上の人は、ここに入れる」という感じで、いちおう早大《そうだい》でも、「ここは落ちた。ここは受かった」というようになりますよね。

ただ、そのように選んで、商学部なら商学部に行ったとしても、そこには、みな、商学部の卒業生が行くようなコースに向いている人が入っているかというと、そういうわけではありません。

たまたま、その偏差値《へんさち》のなかに入っている人が受かってはいるんですが、就職の際になったら、本当に、そちらのほうに自分が向いているかどうかを、もう一回、考えなくてはいけないときが来るんですよ。

大川紫央　はい。

大川隆法　「法学部に入ったからといって、実は、法律に向いているわけではない」ということもあるでしょうし……（笑）。

大川紫央　そうですね（笑）。

大川隆法　そういうことを考えなくてはいけない時期が、またもう一回、来るわけですね。

大川紫央　確かに。

大川隆法　そういう意味では、「二回チャンスがある」ということでしょうか。大学に入るときにチャンスがあって、もう一回、卒業のときに、方向転換のチャンスがあります。それが就活のところなのかもしれませんね。

大川紫央　はい。

大川隆法　あるいは、自分一人で独立してやりたいと思っても、世《せ》間一般《けんいっぱん》の長い常識から見ると、いきなり独立はできないのが普通《ふつう》でしょう。何年かぐらいの勤務経験というか、仕事経験がないと独立はできないのが普通ですからね。

その意味で、「自分が考えている起業に近いところを勉強する」というような感じで入る人もいるだろうとは思うんですよ。

企業《きぎょう》が求める「あるべき姿」と学生の自己認識のギャップはここ

三宅　そういった意味では、大学四年間というものは、やはり、もう一段、自分を掘《ほ》り下げるべき、本当に大事な時期なのではないかなと思うのですね。

大川隆法　そうですね。

三宅　そのきっかけとして、就職活動というものがあるのかなとも思うんです。

大川隆法　ただ、難しいことは難しいでしょう。実際、若い人というのは、自分のことしか考えていないんですよ。「エゴイスト」と言いたくはないですけどね。

ともかく、ずっと勉強をしていればよかったし、大学でも、いい成績を取れば、だいたい、先生も親も文句《もんく》は言いません。「おそらく、就職もいいところに入れるだろう」と思うのでしょう。

そのため、勉強だけしているわけですが、やっていること自体は、客観的に見ると、はっきり言えば、エゴイスティックなんですね。

これはしかたがないと思うところはあるんですが、「外側から見て、どういう人が欲《ほっ》されているか。要求されているか。どういうふうにあってほしいか」というようなことは、あまり考えていないんですよ。

このへんが難しいところですね。「もし、こういうところに就職するんだったら、大学に入ったときから、こういうふうにしておいたほうがいいよ」というようなところまで言ってくれる親切な人は、そんなにはいないんですよ。

大川紫央　ええ。

それと、受験のときだと、みんな一斉《いっせい》に、試験の日付も試験会場も決まっていて、「この日程でこの場所に集合しさえすれば受験資格が得られる」というようなスタイルだと思うんですね。

ところが、就活の場合は、本当に、さまざまな人がいろいろなって動くし、「この人は、もう就活を始めているけれども、私はまだ全然知らない。まだ全然、スタートを切れていない状態だ」というように個人差が出てきます。だから、確かに、漠然とした不安はみんな感じるでしょうね。

つまり、自分でいろいろと情報を取り、調べて行動を起こしていかないと、就職活動の試験に突入《とつにゅう》していけないので、そこから、もう社会人としての訓練が始まっている時期でもあるのかなとは思いました。

大川隆法　まあ、学生だと、同年代の人が一緒《いっしょ》に試験を受け、成績分けをされて、進路が変わったりしますよね。ところが、就活の関係になると、実社会で年齢《ねんれい》や経験に差がある人に見られることになるので、そういうところが、よく分からないわけです。

やはり、「業種によって、要求する人材が違《ちが》う」んですよ。そこまでは分からないですからね。

大川紫央　はい。

大川隆法　あるいは、自分の友達を見て、「この人が何に向いているか」などということは、あまり分からないでしょう。

しかし、実際に、みな、いろいろなところを受けてみると、受からないところがあったり、受かるところがあったりします。要は、自分という存在を欲するところと、そうではないところとに分かれていくんですよ。このあたりを知らないということはあるのかもしれませんね。

大川紫央　確かに、就活の時期は、「自分というのは、こうだ」と思っていた自己像が、社会に出ている諸先輩《せんぱい》がたと接するなかで、「あっ、自分は、自分が思っていたような者ではなくて、こういうふうに思われていたんだ」ということが分かったりします。あるいは、初めて、「ほかの人からどう見られているか」ということを考えさせられたりする時期でもありますね。

理系の場合、メーカー系に進む道もある

大川隆法　池田君は、理系ですよね？

池田　そうです。

大川隆法　就職は、ゼミなどで決まることが多いのかな？

池田　私のいた大学の学部では、「ゼミで推薦《すいせん》がある」というよりも、「自分たちで取り組んで、自分たちの行きたい業種に行く」ということが、比較《ひかく》的多かったと思います。

大川隆法　ああ、そうですか。あなたは、大学では生物学のほうに進んだんですね。

池田　はい。生物です。

大川隆法　そういう人は、どこに就職するのでしょうか。理科の先生以外で何があるんですか。

池田　私の友人の場合、醸造《じょうぞう》などもできますので、メーカーでは、

食品系とか、そういう方面に進んでいます。

大川隆法　ああ、なるほど。

池田　それから、工業製品系のメーカーであったり、製薬会社であったり、医療《いりょう》系機器のメーカーであったり、いろいろな方面に行く方がいますね。

大川隆法　うーん……。そういう場合もあるんですか。ともかく、理系だと、メーカーでも出世できるところは、大手などにはけっこうありますからね。

長男が大手建設会社で「悟《さと》ったこと」

大川隆法　ちなみに、うちの長男（大川宏洋《ひろし》）が、二年ほど某《ぼう》大手建設会社に行って、帰ってきたんですが、少し悟《さと》るところがあったようです。彼は、子供時代、親から「もっと勉強しないと駄目《だめ》だ」と言われていたことに、すごく反発していたんですよ。ところが、その会社に二年ほど行ってみたら、「世間はそうなっていた」ということを勉強して帰ってきたようなんです（笑）。

彼は、両親が東大を出ていたため、「あなたも、そのくらいを狙《ねら》いなさい」というようなことを言われていたことに反発していたんですね。それが、某大手建設会社に行ってみたら、「東大の理系を卒業していないと社長になれない。重役もほとんどそうだった。もう最初から決まっているんだ」ということだったわけです。それで、

「あっ、なるほど。『東大に行け』と言われただけの理由はあったんだ。それが就職してみて分かった」というようなことを言っていました。

「親が言っていたことや世間が言っていることが、まんざら、全部間違っていたわけではないんだ」ということは分かって帰ったようなのです(笑)。

今は、〝硬派《こうは》の建築業界〟から、〝軟派《なんぱ》系のソフト業界〟に身を投じて、いろいろと映画をつくったりはしているんですが、「向き不向き」があることは知ったんだと思いますね。

「文系」に向いている仕事、「理系」に向いている仕事

大川隆法　やはり、ある程度、いろいろな学校があって、「就職に強いか弱いか」というのがあるのは、「会社としては、リスクを避《さ》けたいので、ある程度、実績のあるところから採り続けるほうが安

全だろう」という考えがあるからだと思うんですね。

ちなみに、私も、商社勤務時代にリクルーターを二、三年ぐらいやったことがあるのですが、人事系の課長あたりに言わせれば、「東大というのは〝カス〟もいるが、よくは分からないんだけど、採っておけば、だいたい八割ぐらいの人は、そこそこできるんだ」というようなことでした。

ただ、同じ会社でも、「文系」と「理系」とでは扱《あつか》いが違うところもあるので、このへんを知らないといけないでしょうね。

例えば、メーカー等であれば、理系で（学校の成績が）優秀《ゆうしゅう》な人が入ってもけっこう出世できます。

一方、「文系」なら、だいたい、役所に行くのは成績がいい人です。民間企業《きぎょう》であれば、銀行や商社、あるいは、証券会社あたりに、成績のいい人や英語のできるタイプが行きますね。

ところが、文系でメーカーあたりに行くと、国際系の企業や第三次産業に近い企業に比べれば、かなり給料が下がってくるので、だいたい、成績が悪いか、なかなか卒業しかねているような人がよく行っていましたね。

「理系」の場合には、メーカーに行くのは優秀な人が多いとは思いますが、逆もあります。例えば、理系で商社等に入るような人は、特殊《とくしゅ》な要因で採られることが多いですね。

私がいた商社では、（質問者の池田を指して）彼のように、東大の理系で、生物学をやっていたような人を採用した場合、蜂《はち》に受粉《じゅふん》をさせるバイオケミカル（生化学）をやっていた部署に入れていました。

商社の化学品部門には、薬品の代わりに蜂を育てている部署があって、受粉させるための蜂というのがいるんですね。そうした仕事は、もはや商社の仕事とは思えませんが、ビニールハウスのなかに入って、蜂を飼っているような人たちもいるんです。

そこは、けっこう人気があって、そういうところ用に東大生が採用されていました。たぶん、池田さんのような人は、商社であれば、だいたい、そうした部署に行くことになるでしょう。そこはよく東大生が採られていたので、けっこう付加価値があるのだとは思います。

そのあたりの、「行った先でどんな仕事をするのか」ということについては、よく見ておかないといけないでしょう。

例えば、私などが、機械本部のようなところから、「どうですか。来ませんか」と言われても、メカにはとても弱いタイプなので、入ったら大変なことになるのは目に見えています。それは何とかして逃《に》げなくてはいけないと思いましたね。

あるいは、東大の医学部を出て、商社に入っている〝変わり種《だね》〟もいましたが、一般的に、そうした人の使い道はほぼありません。ただ、商社には、医療機械の輸出入などの仕事もあって、この仕事をするには医療が分からないと駄目なので、そういう人に商売を教え込《こ》み、医療機器の説明をさせて、貿易などができるようにしようと思って、採ってはいました。しかし、たいていの場合は失敗していましたね。「あまり教え込めなくて失敗した」ということが、やや多かったような感じはします。

ともかく、このあたりのことは、よく知っておくとよいでしょう。その意味で、ＯＢ等からの意見は聞いておいたほうがよいのかもしれません。

大川紫央　うーん……。ただ、ＨＳＵ生の場合、ＯＢとＯＧはまだいませんので……。

大川隆法　ああ。ＨＳＵ生の場合は、むしろ、当会の職員に聞くということになるのかもしれませんね。

就活の極意

- 「就活」は、人生の方向転換をするチャンスである。
- 自分から情報を取り、行動を起こしていくというところから、「社会人としての訓練」が始まっている。
- OB訪問などを通して、「文系に向いている仕事（業界）」と「理系に向いている仕事（業界）」を見《み》極《きわ》めよう。

就活ゆうしゃは
知恵の剣を
手に入れた！
レベルが上がった！

極意3

▼

就職を見《み》据《す》えた学生時代の過ごし方のコツ

「自分に向いている職業」をずっと考え続けていること

三宅　先ほど、総裁補佐《ほさ》より、「漠然《ばくぜん》とした不安があるなかで、さまざまな情報を取っていかなければいけない」というお話がありました。

その意味で、総裁補佐は、『就活必勝法』（前掲《ぜんけい》）で、いろいろと大切なことをお説きくださっているのですけれども、そうした「天命を知る就活」ということで、もう一段、具体的なところもお訊《き》きしたいなと思っています。

大川隆法　ああ。

三宅　現在、ＨＳＵ生にはまだ卒業生の先輩《せんぱい》がおりません。

そこで、「就職活動における時間の使い方」といいますか、「大学の四年間をどのように使っていけばよいのか」ということについて、何か教えていただきたいと思います。

大川紫央　そうですね。だいたい、「大学に入って、受験から解放されて、ワーッとなって二年間ぐらいが過ぎ去ってしまい、三年生あたりから焦《あせ》り始める」というパターンになるのが普通《ふつう》かなと思うんですよ（笑）。実際、私もそうだったのかなという気もしますし。ただ、大学に入ったら、今度は、「目先に受験がある」というわけではないので、「卒業後、どうするか」ということは、みんなどこかで考えることだと思うんですね。

したがって、「自分は何に向いているのか」とか、「何が好きなのか」とか、「将来の職業として、どういうものが向いているのか」

とかいうことは、ずっと根底《こんてい》で考え続けておいたほうがいいのかなと思います。

特に、当会の信者であれば、精舎《しょうじゃ》の研修等に行って、そうしたテーマの公案《こうあん》を考えることもできるので、そういう面では、すごくありがたい環境《かんきょう》にあるんだろうとは思うんですね。

アルバイトやインターンをして先輩《せんぱい》の話を聞いておこう

大川紫央　それで、大学時代をどう過ごすかということですよね？

三宅　はい。例えば、一、二年生であれば、そうした、自分自身を見つめるような内省する時間を取ったり、世の中を知るためにアルバイトをしたりする人もいるでしょうし、世の中の一般《いっぱん》的な学生で言えば、三年生ぐらいから、だいたい九割ぐらいはインターンに行

●精舎
幸福の科学の大型の参拝・研修施設。宇都宮、日光、那須にある総本山・四精舎を中心に、聖地・徳島、琵琶湖、湯布院をはじめとする景勝地のほか、東京や大阪、名古屋などの都市部にも建《こん》立《りゅう》。ハワイ、ブラジル、オーストラリアなどの海外にも展開している。

ったりする大学もあると思うんです。

ただ、今日は「就活必勝対談」ですので、「必ず勝つ」という点において、もう一段早く、何かできないのだろうかと考えています。また、もし、総裁補佐がそうした経験をされていないのであれば、仮に、「HSU生だったら、どういった動き方をされるか」というようなことを教えていただければと思います。

大川紫央　私は大学時代、いちおう法学部だったので、行政書士や弁護士の事務所で少しアルバイトをさせていただいたことがあります。

そのときには、「実際に法律を使っている方が、どんな仕事をなさっているのか」ということを、多少、垣間見《かいま》させていただきました。

また、利益のためだけではなく、社会の役に立ちたいなと思っていたので、公務員系なども、いちおう考慮《こうりょ》には入れていました。実は、徳島県庁のほうで、インターンシップをさせていただいたこともあります。

そこは、確か「観光課」という部署で、夏休みに二週間ぐらいインターンをさせていただいたんですね。

三宅　それは三年生のときですか。

大川紫央　そうですね。三年生の夏休みに、そうしたインターンやアルバイト等を、可能性があればさせていただきました。

それから、幸福の科学の学生部の先輩がたにも、就職されている方がいますよね。当時、私は新宿《しんじゅく》に住んでいたので、学生ではあったのですが、新宿精舎で行われていた青年局の集《つど》い等に参加して、

●青年局
幸福の科学の青年部の活動などをサポートし、伝道を推し進める部局。三十五歳までの社会人を中心に、集《つど》いや学習会を開催して交流を深めたり、伝道活動を行ったりしている。

青年の方と接する機会を持っていました。「どんなところで働いていらっしゃるのか」など、いろいろとお話を聞く機会を頂いていましたね。

やはり、信者のみなさんは、いろいろな職業に就《つ》いておられると思いますし、学生局の先輩たちもいるので、ＨＳＵ生であっても、そういうつてを開発できればありがたいかなとは思います。

就活では、田舎《いなか》と都会で情報量に差がある

三宅　具体的には、三年生のときにインターンをされつつ、同時並《へい》行《こう》で、水面下でも他の就職活動をされていたということですね。

大川紫央　ええ。ただ、私は田舎《いなか》の出《で》だったので、そんなに企業《きぎょう》を知っているわけではなかったんですよ。

東京出身の友達などは、お父様が、私たちが受けたいと思っているような大手の会社で、実際に部長職や支店長職をされたりしていたので、そういう子たちは就活も、もう一段、情報が進んでいる状態でしたね。それで、私は少し焦ったのを覚えています。

大川隆法　うーん。

大川紫央　まずは「情報収集」するしかないですよね。

大川隆法　そうですね。やはり、東京近辺の会社に勤めている親などは情報量が多いので、アドバイスができるんだけれども、田舎の親は、そのあたりは、残念ながらアドバイスができないんですよ。

私なども、短期間ですが、就職活動をしました。ただ、会社の名前を言っても親が知らないので、がっかりしましたね。「人気があるんだけど」と言っても、「そんな会社は知らない」というようなことをよく言われるので、がっかりするようなことはあったんです。ある意味で、大学を卒業するあたりが、親から離《はな》れていくべきときなんでしょうね。やはり、自分で道を拓《ひら》いていかなければいけないわけで、もう親は責任を取れないというか、特に、地方出身の人の場合は、もはや手が届かないので、アドバイスができないんです。アドバイスをしたときには、間違《まちが》ったアドバイスをする可能性がけっこう高いんですね（苦笑）。

大川紫央　うーん……。

「運動部」に所属することは就活にどのくらい有利か

大川隆法　したがって、そのへんは友達や先輩等に聞いて、よく押《お》さえておかなければいけないと思います。

私なども、実は、東大に入って、最初の駒場《こまば》時代は剣道部《けんどうぶ》にいたので、就職のときに、その話を出してもよかったんですよ。

しかし、律儀《りちぎ》だったので、「大学四年の卒業時まで、ずっと剣道部で剣道をやっていなかったなら、それは書いてはいけない」と思って、就職のときには一切《いっさい》言わないでいたんですね。

それで、あとから怒《おこ》られたというか、「何？　剣道部だったのか。おまえ、なんでそれを最初に言わないんだ」というようなことを言われました。

「えっ？　そのことを言ったほうがよかったんですか」と訊くと、

となりの就活生
「ぼく、剣道三段もってます！」

就活ゆうしゃ
「そんな隠し玉が…！」

「当たり前だろう！　それを言っておいたら、君、もう〝扱《あつか》い〟が最初から全然違うんだよ」と言われたんです。

つまり、「東大卒などの場合、会社に入った段階で、『頭は、ある程度、バカではない』という証明はできている。あとは運動部にでも入ってくれていたら、中身が〝空《から》っぽ〟でも体力だけはあって、上が仕込《しこ》んだとおりに、『ははーっ』とやってくれる。だから、非常に使い出があるので、そういう人は全然〝別枠《べつわく》〟になるんだよ」と言うんですね。

「運動部出身になると、もうまったく別枠で、あっという間に決まる。なのに、君はそれを言わなかったの?」と訊くので、「全然、一度も言いませんでした」と答えたら、「バカなやつが、世の中にはいるもんだな」と言われてしまい、こちらも、「えーっ!?」という感じになりました。

私は、中学も高校も、すべて部活を〝満行《まんぎょう》〟（仏教で、修行《しゅぎょう》をやり抜《ぬ》くこと）していたので、やはり、「〝満行〟していないといけないんだろうな」と思っていました。そのため、大学では最後まで〝満行〟しなかったので言わなかったんですが、「全然、扱いが違うんだ」と言われて、こちらのほうがショックを食らってしまったような状態でした。「それなら、言えばよかったなあ」と思いましたね。

確かに、そちらのほうのプラスはあるでしょう。（大川紫央に）あなたも、剣道は、けっこう、あちこちでプラスになったのではないですか（注。大川紫央は学生時代に剣道部に所属しており、剣道二段を持っている）。

「いざというときは、警備員に切り替《か》えられる」というように思われたところはあるんじゃないの？（笑）

大川紫央　（笑）剣道をやっていた経験は、就活でも役立ちましたね。あとはまあ、確かに、ＳＰ系の仕事自体にも少し興味はあったのですが……。

大川隆法　（笑）

大川紫央　ただ、その場合、剣道は三段を取っていないと駄目《だめ》なんですね。そうなると、大学でもやらなくてはいけなかったんですが、そこまでは手が回らなかったものですから……。

大川隆法　ああ、なるほど。

まずは「自分から行動を起こすこと」が重要

大川紫央　HSU生へのアンケート調査では、出家《しゅっけ》（幸福の科学の職員になること）を目指す方がとても多かったようですね。

その意味で、今日の対談では、「幸福の科学が求める人材像」ということも、テーマの一つとしてお話ししなくてはいけないとは思うんです。

大川隆法　ああ、そうですね。

大川紫央　それから、HSUのなかにも、就職の斡旋《あっせん》というか、お手伝いをしてくださる方がいらっしゃると思うので、まずはそこに行って、「どういう企業への就職が可能なのか」ということを調べないといけないと思うんですね。

また、そのなかで、さらに、「その企業が自分に向いているかどうか。そこで働きたいと思えるかどうか」というように、その企業の研究をしないといけないのではないかと思います。

おそらく、今までは、どちらかというと、情報がどんどん与《あた》えられる環境に身を置いていたと思うんですが、就活というのは、自分で探し出して、自分で情報をつかんでいくようにしないと、道がなかなか拓けないことがあるんです。

それはHSU生だけではなくて、ほかの大学においても、そうした面はすごく大きいのでしょうが、特に、HSU生の場合は、自分から行動を起こして情報を取りにいかないといけないのかなとも思いますね。

ただ、最近は、インターネットなど、便利な道具もあるので、そういうものを使って、いろいろと調べることはできるのではないでしょうか。

確かに、漠然とした不安はあると思いますが、それには、どうしても自分で解決していかないと駄目なところはあります。やはり、「自分から行動を起こしていくことは重要なのではないか」と思いますね。

就活の極意

- 大学に入ったら、「自分は何に向いているのか」を、ずっと根底で考え続けておいたほうがいい。

- 東京近辺に勤《つと》めている親などは情報量が多いので、就活についてのアドバイスができるが、田舎《いなか》の親はできないと知っておく。

- 自分から行動を起こしていくことは重要。

就活ゆうしゃは
先見の盾を
手に入れた！
レベルが上がった！

極意4

▼

これが、「自己PR」の腕《うで》を磨《みが》く秘訣《ひけつ》

「外国での放浪《ほうろう》」をアピールして内定を勝ち取った同期

大川隆法　学生時代に、自分を〝売り込《こ》む〟材料をつくっておいて、何か、「私は、こういうことをしました」というようなことを持っていることは大事だと思いますね。

大川紫央　はい、そうですね。

大川隆法　例えば、一分間ぐらいで自己紹介《しょうかい》をしたり、自分のしたことを紙に書いたりする機会があるとしたら、やはり、そのあたりの「自己PR能力」というか、「自分は、こういうことをしてきました」とアピールすることは大事なことだと思うんです。

かなり以前のことになりますが、私が商社にいた当時、商社あたりでは、まだ指定校制を敷《し》いていました。そのため、「どこの大学の○○学部から二人、あるいは、三人」というように、だいたい、それで全体の枠《わく》が決まっていて、あとは微《び》調整、〝遊びの部分〟が少しあって、その周りを採るぐらいの感じだったんです。

ところが、同期で入った人のなかに、東京周辺ではありますが、無名の私立大出身で、しかも、大学時代に外国を放浪《ほうろう》して、三年ぐらい卒業が遅《おく》れたという人がいたんですね。

その人は、いわゆる指定校のなかに入っていない、採用されないあたりの学校だったんですが、入社できたんですよ。

それで、そのいきさつを訊《き》いてみたら、「人事部宛《あ》てに手紙を書いた」と言うんです。

「自分は、卒業が三年遅れておりますので、一般《いっぱん》的には、けっこ

「七つの国々を
回ってきました！」
（しっかりPRしたら）
▼
面接官に
よい印象をあたえたようだ！
自分でチャンスをつくり出した！

う就職は厳しいかと思います。また、御社《おんしゃ》では、自分の大学からの採用はあまりないように見受けます。

しかし、私は、卒業は三年遅れたものの、実は学生時代に、○○国や□□国など、世界のいろいろなところを旅して回って、見てきました。こういう経験をしてきた私は、商社では使い道がないでしょうか」

そのような感じで手紙を書いたら、「一回、出てきてください」ということで電話がかかってきて、それで面接を受けて、無事入ったのだそうです。

私のいた商社には、そうした人もいて、化学品部あたりに入っていました。おそらく、本来は対象外の人、要するに、書類審査《しんさ》で落ちていた人でしょう。

ところが、自己PRをしたわけですね。やはり、「三年遅れたといっても、その間にさまざまな外国を放浪して、こんな経験をしてきました」というように書いてあったら、商社としては、「これは使える可能性があるかもしれない」と思うでしょう。関心を持ちますよね。

そういう意味で、自分でチャンスをつくったというか、「一回、出てきてください」と言われて面接を受け、「面白《おもしろ》い」と思われて、〝異例〟で入った口の人もいました。そのようなやり方もあるわけです。

英検やＴＯＥＩＣ《トーイック》など、何か「売り」を持っているか？

大川隆法　したがって、「何か、こういうことをした」と言えるということは、大事なことだと思います。

オーソドックスには、大学の勉強でいい成績を取ったり、ＨＳＵ

生であれば、英検やＴＯＥＩＣ《トーイック》等で、ある程度の点数を取ったりすることが大事だと思うんですよ。

例えば、先ほど述べたような、商社、銀行系統、あるいは、証券会社あたりもそうかもしれませんね。もちろん、外資系、あるいは、海外に関係があるような国際系の企業《きぎょう》などになると、だいたい、ＴＯＥＩＣで言うと、七、八百点ぐらいあれば、いちおう「足切りは脱《だっ》することができるレベル」だろうと思います。だいたい、このあたりぐらいだと、海外要員として会社の考えるレベルに入っているんです。

厳しい企業だと八百点ぐらいまで要求してきますが、このあたり（七、八百点）が英検の準一級ぐらいでしょうか。

よく、「英検を受けなさい」などと言われますが、「なぜ言われているのか分からない」と思っている人も、けっこういるかもしれません。

ただ、実際に会社に入ってみると、商社だけではなく、銀行でもメーカーでもそうなのですが、海外の駐在員《ちゅうざいいん》等に出すときには、会社内で英語の勉強をさせて、試験を受けさせたりするんですよ。

今は、だいたい、英検の準一級を取得しているぐらいのレベルであることが、海外赴任《ふにん》の条件の「半分」だと言えるでしょう。「あとの半分」は、もちろん、仕事ができることです。

このあたりが、だいたい、なかに入ってから要求されている条件で、海外との国際的な仕事をするための要員を選び出す基準ですね。

したがって、これを学生時代にクリアしておけば、一次的な書類審査のところをクリアしやすいのは明らかでしょう。つまり、なかに入ってから教育して、資格を取らせるところを、もう事前にクリアしているわけですからね。

おそらく、英検の準一級は、TOEICで言うと、七、八百点の間ぐらいに入ってくると思いますが、このあたりのところでしょうか。

私が商社にいた当時は、まだ男女雇用《こよう》機会均等法が施行《しこう》される何年か前だったために、女子の枠は厳しかったんですね。そうとうコネがないと無理で、実力では一割しか入れなかった時代だったんです。

そういうなかで、書類審査で落ちていない人たちの場合、だいたい「英検一級」などと書いてありました。これは、ほとんど実力で入ってきている人ですね。やはり、それだけ何か「売り」を持っていなければいけないということでしょう。

当会でも、秘書検定などを取っている人は、けっこう多いですよね。そのように、書類を見た相手が書類分けをするときに、「うん？ ちょっと残しておこうか」と思うような材料を何か持っていることが大切です。それは、英検でもいいし、秘書検定でもいいし、宅建《たっけん》（宅地建物取引士）の資格でもいいと思います。あるいは、そのほかのものでもいいんです。

もちろん、柔道《じゅうどう》でも剣道《けんどう》でも空手《からて》でも、有段者であれば十分に、「おっ？　使えるかもしれない」と思ってもらえるかもしれません。

例えば、「空手三段」であれば、「ナイジェリアに行って〝戦える〟かもしれない」というように、いちおう思ってくれる可能性はあります。そのように、「面接したい」という気はしてくるでしょうから、そうした売り込み方もあるかもしれないとは思いますね。

とにかく、「何かやった」と言える材料は持っておいたほうがいいでしょう。やはり、これがない人は、弱いことは弱いです。

「自分のPRポイント」を相手に「知ってもらうこと」が大事

大川隆法　また、気をつけなくてはいけないことがあって、（池田に）例えば、あなたもそうかもしれませんが、東大の学生というのは、みな、「いや、普通《ふつう》です」「あまりできないんです」というような言い方をする人が多いんですよ。ＰＲがすごく下手《へた》なんです。

池田　（苦笑）はい。

大川隆法　「苦手《にがて》」とか、「あまり大したことないです」とか、「そこそこです」とか言うんですよね。ところが、ほかの人は全然違《ちが》うんですよ。もっと〝売り込み〟をかけています。

例えば私なども、商社時代に、英語について、「よくできる・普

「ぼくなんてぜんぜん
たいしたこと
ないんですよ」
（謙遜のつもりが…）
▼
面接官に物足りない印象を
あたえてしまったようだ…

通・やや劣《おと》る」などと書かれていて、どれかに○《マル》を付けて答えるものがあれば、やはり、「『普通』ぐらいにしておかないと、日本人としてはいけないかな」と思って、真ん中の「普通」の項目《こうもく》に○を付けたんです。

ところが、面接を受けたときに、「君、商社に来るのに、『英語が普通』というのでは困るんですけどね」というように言われて、「そうか。謙遜《けんそん》と取らずに、そう取るのか」と思ったりしました。

そう言われて、「そういえば、教養学部時代は、語学では人より後ろにはならなかったな。それだったら、十分できるほうに入るのかな」と思い直したんですね。

そのように、ホラではないのであれば、「いい成績を取りました」と言えば、それで済むわけです。それを「『普通』と言うほうが、日本的にはいいのかな」と思ったりするところが甘《あま》いんですね。

ちなみに、面接で一緒《いっしょ》だった早稲田《わせだ》の政経（政治経済学部）の学生などは、自己PRの時間に、英語で自己PRをしていました。

しかし、面接官もベテランが多かったため、「はい。今、君は、三分間の自己PRのなかで、英語を二カ所間違えました。間違えたのは、ここと、ここです」というように指摘《してき》されたりもしていましたね。

もちろん、それで真《ま》っ青《さお》になって、もう駄目《だめ》になる人もいるのですが、そう言われても、「蛙《かえる》の面《つら》に何とか」で、「ああ、そうですか。これから、もう少し勉強します」というように、平気で開き直る人もいます。本人が怯《ひる》まなければ、「英語で自己PRするなんて、その勇気は買う」というように取る人もいるわけです。

私であれば、「間違うような英語で自己紹介するなよ」と言いたくなるのですが、そんな人もいることはいました。

そのように、持っているものは一緒でも、「どのようにして相手にそれを知ってもらうか」ということは大事であると思います。それは、実社会に出ても、人との交渉《こうしょう》や営業などでは必要な力ですからね。

「宗教的な人」が就職活動で注意すべきこと

大川紫央　今のお話を聞いていて、確かに、宗教的な人には、けっこう自己アピールが苦手な人が多いのかなと思いました。

大川隆法　そうなんですよ。気をつけないと、そうなるんです。

大川紫央　そうですね。気をつけないと、「いや、私は全然、普通です」という感じで終わってしまうことが多いだろうと思います。

しかし、就活には、「自分探しの第一歩」というようなところもありますよね。だから、就活を「自分の仏性《ぶっしょう》から来る長所というか、自分のなかでキラッと光っているものを見つける作業」として考えれば、宗教的な人にとっては、宗教と就活を一体化するような活動期間に昇華《しょうか》させていくことが可能なのではないかと思うんです。

大川隆法　ええ、やはり、言うべきことは言わないといけませんよ。

例えば、ＯＢ訪問をして、幸福の科学の先輩《せんぱい》に「どのように修《しゅ》行《ぎょう》していますか」と訊いても、もしかしたら、「聖黙《しょうもく》ができること、一言《ひとこと》も発さないで、一日中、座《すわ》っていられることが幹部になる条件ですね」というようなことを言う人もいるかもしれません。そのように、「邪魔《じゃま》になってはいけないので黙《だま》っている」という人もけっこういるでしょう。

しかし、それをまねして、面接を受けたときに〝ダルマさん〟に

●仏性
仏教の思想で、すべての人の心（魂）に宿っている「仏と同じ性質」のこと。その人の魂の善なる部分であり、人間が仏の子・神の子である証。

●聖黙
仏教において、言葉を語らずに、静かに黙って自らの心を深く見つめ、智慧と悟りを得る修行のこと。

なって黙っていたら、普通は落ちますすよ（笑）。「この人は、話せないのか」と思われて落ちてしまいますから、やはり、的確に自己ＰＲできないと駄目でしょうね。

大川紫央　そうですね。

自己ＰＲ力は「営業力」や「伝道力」につながる大切なもの

大川紫央　自己ＰＲは、将来、社会人になって、自分の会社を売り込みに行くときにも役に立つし、その訓練にもなりますからね。

大川隆法　そう、そう。

大川紫央　あるいは、たとえ宗教に入ったとしても、やはり、宗教のよさや、何が優《すぐ》れている点なのかということは、人に伝えていかなければいけません。

大川隆法　この「営業力」といったものは、宗教においても、すごく大事なところでしょう。これは、ずばり、「伝道」に転化《てんか》するものですからね。

大川紫央　そうですね。ここは、すごく大事な第一歩であるのかなと思います。

大川隆法　例えば、全国各地にある支部に新刊本が送られてきたとします。そのときに、「新しい本が出ました」と告知して、「読みたい人はどうぞ。買いたい人はどうぞ」と言うだけか（笑）。

大川紫央　（笑）

大川隆法　それとも、「この本は、ここがよかったですよ。ぜひお買いになったほうがいいですよ」と一言、言えるのか。この三十秒ぐらいの言葉を言えるかどうかで、全然違ってくるわけです。

ただ、東京の総合本部の計画では、そこまではできないんですよね。それを（支部で）言ってくれるかどうか分からないので。そういう差は出るでしょう。

大川紫央　そうですね。自分が面接を受けた側から、今度は面接を行う側になってくると、「そうした自己ＰＲがちゃんとできるかどうか」ということは、「その人が仕事ができるようになるかどうか」

ということを判断する材料の一つになってくるので……。

大川隆法　そう、そう。

大川紫央　そういう目で見ると、就活というのは、重要な期間の一つなんだなということが分かります。

面接で「欠点」を訊《き》かれたときの〝必殺〟の返し技

大川隆法　あなたの『就活必勝法』（前掲《ぜんけい》）には、「正直に等身大の自分をＰＲせよ」というように書いてあったので、やはり、「ご立派で正直な方なんだな」と、つくづく思いました（笑）。

大川紫央　（笑）

大川隆法　ただ、「倍率が何十倍」とか、「五十社受けて一つ受かるかどうか」というぐらいの世界になってくると、実際、その程度では、なかなか厳しいのではないかなと思うんですよ。「等身大の自分」だと、全部落ちる可能性もあるんですよね。

例えば、「長所と欠点を挙《あ》げてください」、あるいは、「書いてください」と、よく言われるじゃないですか。このときに、それを真に受けては駄目なんだそうです。そういうことを、私は、あとから教わったことがあります。それを本当に言ってしまうと、「ああ、そういう人なんだ。それは困ります」というように言われてしまうんですよね（笑）（会場笑）。

要するに、本当に正直に欠点を言うと、実は、それは「まずいタイプ」になるので、「欠点を言え」と言われたら、「遠回しに長所を言え」というわけです。それを、あとから教わって、「なるほど。そうか」と思いました。

実は、よく考えてみると、欠点というのは長所にも当たるわけですね。

例えば、「あなたの欠点は何ですか」と訊《き》かれたら、「私は、人の話を、あまりにもじっくり聞きすぎるところがあって、それが欠点なんです。よく人の話を聞きすぎる癖《くせ》があるので駄目なんです。もう少し、聞くのはほどほどにして、自分のことや、自分の意見をもっと言わなくてはいけないのに、どうしても人の話を聞いてしまう癖があるんです」というように答えることもできるでしょう。

あるいは、「友達は多いですか、少ないですか」と訊かれたら、「ああ、友達は少ないです」というように、ただそれだけを答える人もいるかもしれません。

しかし、そのように答えるのではなくて、「やはり、友達は量より質なので、心の内を開いて話し合えるような、いい友達をつくれるよう、その関係を深める努力をしています」というように、上手に切り返さなければいけないんです。ずばり、「欠点と思われるもの」「欠点と書かれるようなこと」を言ってはいけないんですね。

もし、大川隆法が「あなたの欠点は何ですか」と訊《き》かれたら？

大川隆法　もし私がＨＳＵ生で、幸福の科学、あるいは、どこかの企業の採用試験を、今、もう一回受験するとして、「あなたの欠点は何ですか」というように訊《き》かれたら、どうするでしょうか。

おそらく、私は、「私には、すごい欠点があるんです。何でも時間どおりにやってしまう癖があって、そうしないと気が済まないんですよ」というように答えると思いますね（会場笑）。

そして、「『一時間以内に、これをやる』と言ったら、絶対に一時間以内にやらないと気が済まないし、人と時間の約束をすると、一秒でも遅れたら、一日、気持ちが悪くてしかたがないんです。やはり、ここまで時間に正確なのは、欠点だと思うんですよね」というぐらいのことは平気で言うと思います（会場笑）。

さらに、面接官に「そうですか。時間にそれほど正確なんですか」と言われたら、「いえ、やはり、『時間どおりではいけない』と思って、人と会うときは、五分前には着いていなくてはいけないと思うし、書類は、『三日後に出せ』と言われたら、一日前には仕上げて出したいんです。このような癖があるので、この欠点を何とか克服《こくふく》したいと思っています」というぐらいのことは、おそらく平気で言うでしょう（会場笑）。

これは「売り込み」です。欠点を訊かれたときに、実は売り込みをかけているわけです。こういうことを、本当はやらないといけないと思うんですね。

要するに、欠点といっても、よく聞くと長所に当たるようなことを挙げるんですよ。

例えば、「私には、勉強に夢中になると、ご飯《はん》を食べるのを忘れてしまう欠点があって駄目ですね。あまり熱中しすぎるのはよくないので、もう少し淡々《たんたん》としていなくてはいけないと思うんですが、勉強に熱中してしまうと時間を忘れてしまうことがあるんです」と。

これは先ほどの〝逆バージョン〟でしょう。「勉強をしていると、『あっ、晩御飯を食べていなかった』という思いをするようなことがあるので、『早く直さなくてはいけない。あまり熱中するのはよくない。早く改めたい』と思っています」という感じですが、これは自慢《じまん》ですよね（会場笑）。このように、「欠点」と称《しょう》して、自慢をバサッと入れ込んでしまうわけです（笑）。

大川紫央　それは、すごく重要ですよね。

大川隆法　そうなんです（会場笑）。

大川紫央　『就活必勝法』（前掲）のなかで、もう少し深く踏《ふ》み込めばよかったです。

大川隆法　いや、実力のある方は実物大《じつぶつだい》でいけばよいと思いますよ。

大川紫央　（笑）（会場笑）

大川隆法　ただ、実寸大《じっすんだい》ではあるけれども、倍率が高くなったときに、それでは絶対に通らなくなるのでね。

大川紫央　「短所を述べる際には、『そのおかげでこういうことができます』というところまで必ず言うように」というのは、確かにそのとおりで、私もそれを実践《じっせん》していましたので、総裁先生のおっしゃるとおりだなと思いました。

面接で見られる「社会常識」や「人間関係力」とは？

三宅　先ほど、「もし、総裁がＨＳＵ生だったら……」というお話がありましたが、もし、仮に、総裁がＨＳＵ生だったとしたら、どういう武器を身につけられるかというところも、併《あわ》せてお伺《うかが》いできればと思います。

大川隆法　そうですね。「私は知力が低くて物事の重要度がどうしてもよく分からないもので、教団から出ている本も何が重要かがよく分からず、全部読んでしまいました。一回読んでも分からなかったものですから、三回ぐらい読んでしまいました」という感じで言うかもしれませんね。そうすると、おそらくあなたも怯《ひる》むはずです（笑）（会場笑）。

三宅　（笑）総裁は、●『未知なるものへの挑戦《ちょうせん》』（ＨＳＵ出版会刊）のなかでも、「卒業の段階で、『私は、これをやりました』ということを言えるようになってほしい」というようなことをおっしゃっていましたけれども、もし、世の中の企業への就職活動をするとしたら、どういうことを「やってのけた」という武器にされますか。

●『未知なるものへの挑戦』
二〇一五年四月に開学したＨＳＵの革新性と無限の可能性について、創立者・大川隆法が語る。日本から始まる教育革命の道筋を示す一書。（大川隆法著、ＨＳＵ出版会刊）

大川隆法　うーん……。まあ、私の就活のときは、実際に、ほぼ内定のところまで行ったものも幾《いく》つかありました。もちろん、私が「行く」と言わなかったものは本当の内定にはならないのですが、役員面接まで終わったところが幾つかあり、まあ、成功したものはあるんですけれども。

ただ、会社によって反応は違いました。本をよく読んでいるのを評価してくれたところもありましたし、逆に、今度は、成績がよすぎるという理由で落とされたところもありました。

これはしくじりです。「成績がいいほどよい」と思っていたら、「こんなに成績のいい人は、こういう業界には来ない」とか、「君はなめているのか！」「喧嘩《けんか》を売りに来たのか」「からかいに来たのか」とかいう感じで、役員が怒《おこ》り出すところもあって、これは失敗に当たります。
しかも、「君の成績はかなりいいように思うけれども、東大のなかではどのあたりになるのかね？」と訊かれて、「まあ、上《じょう》・中《ちゅう》・下《げ》で言えば上《じょう》でしょう」と……。

大川紫央　（笑）

大川隆法　「まあ、上のなかでどのあたりかと言えば、中より下《した》ということはまずないでしょう。どちらかといえば、その上《うえ》でしょうかねえ」と言ったら、「君なあ、なめとるのか」「喧嘩を売りに来たのか」と怒り出したので、「しまったあ」と思いました。
さらに、「それで、志望順位は？」と訊かれたので、「まあ、第六志望です」と答えたものだから（笑）、立ち上がって怒って。本当に怒られたことがありますので。

やはり、「社会常識がない」ということは、気をつけなければいけないところですね。それからは、ちょっと、ものの言い方を場所によって変えるように気をつけました。

ですから、ただ素直《すなお》であればよいというわけでもありませんし、ＰＲをすればよいといっても、過剰《かじょう》であれば失敗することもありますので、そのあたりは難しいところですね。

でも、まあ、適度に必要なところでもあります。向こうが必要としているものとしては、もちろん、「真面目《まじめ》に勉強したかどうか」ということも、ある程度は見ているのでしょうけれども、まあ、人間関係で失敗する人が多いですからね。特に、高学歴の人ほどそういうことが多いので、そのあたりのところで可能性のある道は残しておかなければ、やや厳しいのかなと思います。

私はいつも〝一人でしゃべって〟いましたけれども、大学のゼミの教授なんかも、周りの人たちに、「社会に出たら、こういうふうに〝よくしゃべれる人〟のほうが出世するんだ」というようなことを言っていました。

ただ、私は、それでよく嫌《きら》われたものです。当時は、〝教祖〟性格であったために、飲み会等をすると、ほとんど一人で話しているような感じになっていて（笑）、本当に、「この性格は直さなければいけないな」と思っていました。まあ、これがあとで役に立つようになりましたが。

今、当会のなかでも、賢《かしこ》い人は、年齢《ねんれい》が低いうちは自分をおとなしめに演出しながら立場相応に話すようになっていますけれども、しゃべりすぎる人が叩《たた》かれていくのは、宗教のなかだけではなく、ほかのところでも、やはり、そうなってはいるようですね。

就活の極意

- 学生時代に、自分を“売り込む”材料をつくっておくことが大事。
- 自分が持っているものについて、「どのようにして相手にそれを知ってもらうか」も大事。それは実社会に出ても、人との交渉や営業などでは必要な力になる。
- 「欠点を言え」と言われたら、遠回しに長所を言おう。

就活ゆうしゃは
アピール上手のよろい
を手に入れた！
レベルが上がった！

極意5

「相手から選ばれる人」が身につけている深い智《ち》慧《え》とは?

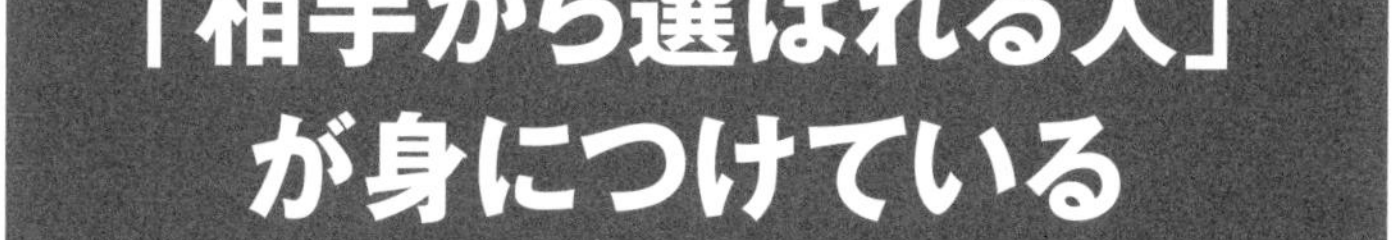

学校のなかの狭《せま》い集団から離《はな》れて自分を客観視できるか？

三宅　「就活は自己PRがほぼすべてだ」と言われるようなこともありますけれども、そのなかで、総裁がお考えになる「正しい自己分析《ぶんせき》の仕方」についても、併《あわ》せてお伺《うかが》いできればと思います。

大川隆法　それは、幼いころから見れば、両親やきょうだいの評価もあるでしょうし、学生時代であれば、友達、あるいは教授や先生などの評価もあるでしょうけれども、気をつけなければいけないのは、学校のような集団のところは同質集団であることが多い点です。それは、首都圏《しゅとけん》の学校でもそうですし、まあ、HSUのようなところでも、ある意味での同質性はあるので、

いろいろ知識はもらったけど
オレ、本当に選ばれるのかな…
就活ゆうしゃ Lv.5
知識
体力
経験
勇気

そのなかにいる自分を、あまりにも標準化した人間だと思いすぎる気《け》があるわけです。

したがって、自分では「客観的に見ている」と思っていても、本当は客観的でないことがあるため、醒《さ》めた目というか、「ほかの人の目で見たら、どのように見えるか」ということを、しっかりと見ておかなければいけないかもしれません。

ただ、うーん……、これはちょっと難しいんですけれどもね。

学生の場合、世界が狭《せま》いことは狭いので、近場《ちかば》の人とだけ付き合っているぐらいでは分からないでしょう。また、学校のなかでの成績の優劣《ゆうれつ》があるので、「あいつはすごいけれども、僕《ぼく》は駄目《だめ》なんだ」と思ってしまうようなこともあるかもしれません。ただ、「全体のなかで、だいたいどういうふうに見えているか」というのは知っていなければいけないところでしょうね。

面接官が複数いる場合は〝役割分担〟を見極《みきわ》めること

大川隆法　面接ということで付け加えるならば、面接官との〝対機《たいき》説法《せっぽう》〟の部分にも気をつける必要があります。

最初のうちはグループ面接であることが多いので、あまり関係ないでしょうけれども、面接が進んでいくと面接官の人数が増えていき、最終段階まで行くと、一人の面接にだいたい三人ぐらいは出てくると思います。

その面接のやり方としては、会社にもよるんですけれども、例えば、三人のうちの一人に、意地の悪いことを質問する役割を与《あた》えられていることがよくあります。その意地悪《いじわる》な人のほかに、もう一人、〝助け船〟を出す係の人がいて、さらに、自分がどう判断しているのかを明らかにしない〝裁判官〟のような人もいます。そのように、

●対機説法　仏教用語で、教えを聴く人の能力・素質にふさわしく法を説くこと。

妙《みょう》にいやらしいことを言ってくる面接官が一人だけいたりするのですけれども、要するに〝役割分担〟をしているわけです。

つまり、受験者にとっていやらしいところ、「欠点」のようなところを攻《せ》めることによって、そういうものにどう反応するかを見るんですね。それから、別の人が助け船を出したらどうするかを見ます。さらに、どう考えているか分からない、裁判官のような調整型タイプの人がそれを見ていることがあるのです。

そういう感じで、「試《ため》そう」として、わざと意地悪に言ってくる場合と、別にそれほど優《やさ》しいわけではないにせよ、助け船を出す係として何か言ってくる場合等があるので、そのあたりのことは、相手をよく見極《みきわ》めなければいけないのかなという気はしますね。

自分の「意外な適性」を就職活動を通して発見することもある

三宅　先ほど、『就活必勝法』（前掲《ぜんけい》）のなかの「就活とは自分の天命を発見すること」というお話もありましたが、総裁からは、「それを探すことが青春期の悟《さと》りである」ということもお教えいただいています。

これに関しまして、やはり、「自分の天命の探し方を教えてほしい」という声を数多く聞いておりますので、もう一段、何かヒントを頂ければと思います。

大川隆法　それは、やはり、「好き嫌《きら》い」というものがあるじゃないですか。

高校時代ぐらいまでであれば、科目にも「自分の好き嫌い」があって、やはり、好きな科目のほうに進んでいくものでしょう。

彼（池田）であれば、まあ、少なくとも理科や数学ぐらいは好きだったに違《ちが》いないと思いますけれども、好きだということは、「それをずっとやり続けていっても満足なものがある」ということですので、やはり、そのなかに、ある程度自分の「適性」がある場合もあります。

ところが、そうした科目だけでは、仕事の専門性と対応していないものもあるため、ちょっと分からないところもあるんですね。

例えば、私も、総裁補佐《ほさ》も、最初の仕事はたまたま「お金」に関係のあるところに就《つ》きました。

ただ、これは、自分ではなかなか分からないところではあるんですけれども、面接では、もう少しベテランの人が見ています。ですから、おそらく私もそうですし、総裁補佐もそうでしょうけれども、お金に関しては、「たとえ目の前に札束《さつたば》が積んであっても持って逃《に》げないタイプだ」ということは分かるのだろうと思うんですよ。そういう、ごまかしはしない、公金《こうきん》に手を出すタイプではないように見えるところは、「人格の持っている波動《はどう》」として出てくるのでしょう。

そういうところがありますので、向こうの使い方を見れば、自分には分かっていないとしても、そのような感じで見えているということが推定できますね。

それは、さまざまなかたちでいろいろな人から繰《く》り返し言われたことではあるので、おそらくそうなんでしょう。そういうところでの信用があるということです。

私も、〝大ぼら〟を吹《ふ》くぐらいのことはいくらでもできるのですけれども、まあ、そういう場合もあるとしても、基調そのものは、真面目《まじめ》で堅実《けんじつ》なところや、約束をきちんと守るようなところがありますので、やはり、その感じは出てくるんですよね。「こういう人であれば、やはり、信用が大事な部署あたりが向いている」といった見方をしてくるんです。

これは、男女や年齢《ねんれい》とは関係なく、違うタイプのいろいろな人から繰り返し言われたので、おそらく、そうなんでしょう。

そのように、他の人が、自分が気づいていないところを見つけてくれる場合もあります。

お金に関しては、本当に、「千円置いてあるだけでも危ない」というような人もいることはいますが（笑）、その人は、そういう部署には回されません。

また、銀行あたりでも、かわいらしいのはよいとしても、お金のほうが緩《ゆる》そうで、男性に付け込《こ》まれそうな感じの人は採りたくないでしょうね。

このあたりの採り方というものは、微妙《びみょう》に難しいと思うんですよ。銀行としては、お客さんが嫌《いや》がるようなタイプは、あまり採りたくはないし、〝ナフタリンをぶら提《さ》げたような女性〟ばかりを採用しても人気は落ちるので、採りたくはないのです。

そういうわけで、できるだけ見栄《みば》えのよい人が欲《ほ》しいんですけれども、ただ男性に甘《あま》く、付け込まれたり、そそのかされて、貢《みつ》がされるようなタイプの人は、絶対に〝ご法度《はっと》〟です。このタイプだけは落とさなければいけないので、やはり、そのあたりのところが緩そうかどうかということは見ていると思うんですよね。

おそらく、大人の見方としては、そういう見方もきっとあるのでしょう。

「危機管理的観点」や「経営的観点」を持っているか？

三宅　世の中の就活のハウツー本などを読んでも、「『優秀《ゆうしゅう》であるか』ということよりも前に、やはり、『信頼《しんらい》できるか』ということが、全企業《きぎょう》の持つ採用基準である」ということや、「最強の特性として、やはり、『素直《すなお》さ』が大事である」というようなことも書かれています。

今、私自身も採用する側にいますけれども、素直さや誠実さを持っている人には、「おそらく成長するだろうな」と感じるところがあります。

大川隆法　いやあ、「素直なところ」と、「素直であってはいけないところ」と、やはり、両方あるんですよ。

上の人としては、ある程度素直なほうが使いやすいです。それはそのとおりなので、素直な人がいいんです。使いやすいし、仕込みやすいということでは、そのとおりなんです。

ただ、全員がそうだったら、これもまた、同じになってしまいます。みんな兵隊さんになって、「進めえ！」と言えば、ザッ、ザッ、ザッ、ザッと歩いていく。こういう人ばかりでは、企業は、本当は成り立たないんですよ。ある程度、リーダーになる人もいてもらわなければ困るんです。

ですから、全般的《ぜんぱん》には「素直に言うことを聞いてくれる」というところがあるのはよいとしても、仕事のなかには、「会社として、これは危ない案件だから、上司に知らせておかなければいけない」「少なくとも先輩《せんぱい》ぐらいには訊《き》いておかないと、これはちょっと危ない案件だ」というようなこともあるわけなので、「命令されなかったから何もしませんでした」などと、じっとしているようでは、いざというときに頼《たよ》りないタイプですよね。

三宅　はい。

大川隆法　例えば、当会であれば、教団にとっての危機管理案件に相当するでしょうね。

そして、そういうものを見たときに、「必ず知らせなければいけない」「何らかの解決策を考えなければいけない」ということがピッとくるようなタイプと、まったくこないようなタイプとがいるわけです。もし、全員がまったくこないタイプばかりであれば、本当に、〝二等兵〟ばかりの集団になってしまうので、これでは困るんです。

一方、階級としては下のほう、まだ年が若く、ヒラや主任ぐらいのレベルの人であっても、「経営判断」に当たることをできる人もいるわけですね。これが、エリートとして選ばれていかなければいけない人なのです。そういうことはヒラでも分かります。「これは危ない案件だ」ということが分かる人、あるいは、人事の動きを見ていて、「ああ、トップは今、こういうことを考えているんだな」ということが分かる人がいるわけです。

これは、もはや素直さだけというのとは、ちょっと別のものがあるでしょう。素直さとは違って、もっと大所高所《たいしょこうしょ》からものが見えたり、そういう重要なところをグリップできたりするようなタイプだと思います。

ですから、「信頼できる」ということのなかには、素直さだけではなく、〝そういう意味での信頼感〟というものがあります。「いざというときは、あいつに任せておけば大丈夫《だいじょうぶ》だろう」というような人です。

例えば、「池田さんに任せておけば、当会の学生部が変な犯罪者集団になるようなことはなかろう」というぐらいの信頼はなければいけないでしょうね。

変な学生が出てきたときに、「彼なら、『これは危ない』と思って、それを止めてくれるだろう」というぐらいの信頼が欲しいところです。それを、「何？　自分も一緒《いっしょ》になってやっちゃったか」という感じになって、「警察に呼ばれて、局長も一緒に捕《つか》まっていました」ということで（笑）、謝《あやま》りにいかなければいけないとか、人事局が引き取りにいかなければいけないとかいうことになったら、駄目でしょうね。

ですから、素直さは要《い》るけれども、そのなかにも、「危機管理的観点」や、あるいは、「経営的観点」においての重要なことにピピッと反応する目は持っていなければいけません。

「古典的教養」と「今、話題のものをフォローする目」の両方を持つ

大川隆法　では、この「反応する目」とは何でしょうか。

一つは、オーソドックスには、「要点」、「中心部分」をつかむには教養があることが大事なんですよ。古典から連《つら》なっている教養の文脈《ぶんみゃく》につながるような、そういう知識のあることが一つです。

もう一つは、アップ・トゥ・デイト（最新）なものですね。つまり、「世間《せけん》が騒《さわ》いでいるいろいろな問題に対して、敏感《びんかん》によくフォローしている」というようなことが大事なんです。

例えば、今であれば、電通《でんつう》のようなところでの過労死問題等が槍《やり》

玉《だま》に挙げられていますけれども、まあ、「似たような業界に就職訪問をしたときに、同じようなテーマで質問をされたらどう答えるか」というのは、けっこう大きな問題でしょうね。それについて答えられるかどうか。

それに対して、「まったく知りもしませんでした」などと答えたら、もう、話にならないでしょう。

電通ではなく、博報堂《はくほうどう》を受けたとして、「うちも残業は多いんですけど、どう考えますか」と訊かれたときに、「過労死はいけないと思います」というだけの答えでは、おそらく落ちるでしょうね。まあ、それは落ちると思います。

三宅　そういう意味では、「考えられる人」といいますか、アメリカのドナルド・トランプ氏もそうですけれども、〝シンカブルマン

(thinkable man)〟（「考える人」の意。●『政治哲学《てつがく》の原点』〔幸福の科学出版刊〕参照）といいますか……。

大川隆法　そうそう。

私自身も仕事は好きですけれども、もう少し段取りをよくしなければいけないものについては、そうしています。やはり、「時間配分」とか、「休日の過ごし方」などに工夫《くふう》を加えながら、仕事の量をこなしてきたし、大事なことを中心的に進めたりとか、そういうように上手に応《こた》えていかなければいけないと思います。

そうですね。そういった〝敏感度〟を見られる面はどうしてもあるだろうなと思うんですよね。

ですから、今、トピックスになっているようなところを訊いてみて、あまりにも反応がとろいような感じだったら、若干《じゃっかん》、危ないか

●**『政治哲学の原点』**「真の自由とは何か」「真の平等とは何か」を問い、全体主義を防いで国家を繁栄に導く、新たな政治哲学を提示する（大川隆法著、幸福の科学出版刊）。

もしれません。

例えば、ＨＳＵの学生などには、まあ、「長生村《ちょうせいむら》」のことを「ながいきむら」と読んだりする人もいるんです（会場笑）。彼らのなかには、世間のニュースに反応しない人もやや多いようなので、今は、「新聞部をつくったらどうか」と、私のほうから提案して、月一回ぐらいのダイジェストをつくっています。世界で何が起きているのかをよく知らない人が多いような気がしたので、少し、つついてはいるんです。

そのように、当然知っておくべきことを知らなければ恥《はじ》をかくこともありますし、ほかの人と大きく差がついてしまうこともあるかもしれません。「ああ、やっぱりなあ。あの辺りにいたら、世間のことはあまり知らないのかなあ」と思われてしまうこともありえるので（注。ＨＳＵは、千葉《ちば》県長生郡長生村の九十九里《くじゅうくり》浜《はま》沿いに位置している）、まあ、そういうことには気をつけたほうがよいかなと思います。
古典的な教養も大事ですけれども、「最近、話題になっていることは何か」というようなことも、しっかりとフォローしておくことも大事です。やはり、この両方ですね。
（大川紫央に）あなたの『就活必勝法』（前掲《ぜんけい》）にも、そのあたりのことはいろいろと出ていましたよね？

大川紫央　はい。

大川隆法　確か、「時事的な話等については、当会の法話《ほうわ》や月刊●『ザ・リバティ』（幸福の科学出版刊）の記事等をよくフォローしておくとよい」というようなことは触《ふ》れていたと思います。

●月刊「ザ・リバティ」
幸福の科学出版が発行する月刊総合誌。宗教、政治、経済、教育、芸術など、広い分野の時事テーマについて、仏法真理の視点から見たオピニオンが掲載されている。

就活の極意

- 「ほかの人の目で（自分を）見たら、どう見えるか」「全体のなかで、どう見えているか」を知っていなければいけない。

- 例えば、面接官が三人の場合、「意地悪な人」「“助け船”を出す人」「“裁判官”」などに“役割分担”をしていることがある。

- 素直さは要るが、「危機管理的観点」や「経営的観点」において、重要なことにピピッと反応する目を持て。

極意6

▼

企《き》業《ぎょう》・業種選びの際に「見るべきポイント」

「ピークを迎《むか》える前の企業《きぎょう》」を狙《ねら》ったほうがよい

三宅　今、「自分の強みや個性を知る」ことや「世間解《せけんげ》」の大事さをお話しくださいましたけれども、もう一段、「社会を知る」というところも、就活ではとても大事かと思います。

先ほど、総裁補佐《ほさ》から「情報収集」というお話を頂きましたが、そうした視点を通して、「業界分析《ぶんせき》」といいますか、企業《きぎょう》を知っていく上で、総裁にお伺《うかが》いしたい点がございます。これから発展していくような企業、あるいは分野などを見抜《みぬ》くポイントがありましたら、お教えいただければと思います。

大川隆法　いやあ、それは難しいですよ。今は、もう、「百年企業」でもどんどん潰《つぶ》れていく時代になっていますので。本当に、

まさかと思うようなところが潰れていっています。

逆に、楽天《らくてん》のようなところは、創業したのが一九九七年なので、当会では●総本山《そうほんざん》・正心館《しょうしんかん》が建った翌年になります。当会から見れば、ずっと後輩《こうはい》のような気がするんですが、九七年ごろにできた会社が、あれよあれよという間にすごく有名になって、全国展開し、海外進出も目指しているようなこともありますので、分からないものです。本当に変化が激しくて起伏《きふく》に富んでいますね。

ただ、「今、ピークを迎《むか》えているようなところ」は、「これから下《くだ》る可能性が高い」ということも事実なので、みんなが行きたがるからといっても、必ずしも、よいとは限らないところはあります。

「ピークよりも少し前のところ、今後、多少なりとも成長する可能性のあるところ」のほうがいいかなと思います。

●**世間解**
仏の十種類の尊称(如来十号)の一つ。「世の中の道理や社会のあり方をよく知っている人」の意。ここでは、世間・社会への知恵を持つこと。

●**総本山・正心館**
一九九六年八月四日に栃木県・宇都宮市に落慶した、幸福の科学の信仰の中心地となる研修施設。全国全世界から、毎年、多くの人が訪れている。

「そこに就職したら、自分が将来的にどうなるか」を考える

大川隆法　そして、もう一つ考えなければいけないことは、まあ、中学・高校・大学ともそうだと思いますけれども、本人の成績に合わせて、みんなが行きたがるようなところへ行きたがる気《け》があることです。

だいたいそういう同質集団に入っていくことが多いのですが、「入った結果、自分がどうなるか」ということも、よく考えておかなければいけませんね。あまり優秀《ゆうしゅう》な人ばかりがいるようなところへ行っても芽が出ないこともあります。ほかのところへ行けば活躍《かつやく》できる可能性のある人が、単に脱落《だつらく》していく場合もあるわけですね。

私の本にも書いてありますけれども、財務省（旧大蔵省《おおくらしょう》）などは、例年二十人前後採用していますが、そのうちの二人ぐらいは自殺し

ていたなどと言われます。自殺の確率が一割というのはけっこう高いでしょう。成績がよくて入っていくんですが、一割であれば、十人に一人は死ぬということになるので、かなりきつい職場だと思います。

しかも、死ぬ時期についてもだいたい分かっているようなのです。入省後、何年かすると、研修も兼《か》ねて海外に一回行き、そのときはゆっくり家族生活を楽しめることもあるんですけれども、帰国したあとあたりから、また、ほとんど家族とも別れているような、非常に忙《いそが》しい時代になるのです。

そのなかで、忙しくても出世できる可能性があれば頑張《がんば》ることもできるのですが、忙しいのに出世から外れていくのが見えてきたあたりで、窓から飛び降りたりするようです。だいたい、いつも同じところの窓から飛び降りて死ぬなどと言われていますが、これはもう、地縛霊《じばくれい》がだいぶ取り憑《つ》いているのではないかと思います。

ただ、飛び降りて死んでしまった人たちも、もし、別の官庁なり会社なりに入っていれば、エリートとして十分に活躍できたかもしれないわけです。

そのように、「みんなから尊敬されると思って吸い寄せられるように行ったところが、自分にとっては地獄《じごく》だった」などといったこともあります。

ですから、そういう〝外のものさし〟によって、「入ったときだけ人から尊敬される」ということのみで選んではいけないのです。「入ってからあと、自分はどのように教育を受け、仕事ができるようになり、どう評価されるだろうか」といったところまで、やはり考えておかなければいけません。

そういうわけで、あまり競争の激しすぎるようなところに入りすぎるのも、まあ、よし悪《あ》しがあるのかなという気はします。

要するに、「人材は、適度に散らばっているほうがよい」のです。そうすると、ありがたがられることもあるわけです。

例えば、私の出た東大でも、法学部あたりだと、民間に行くのは百人から百五十人ぐらいですけれども、これが適度に散らばれば、みな、エリート要員になるのです。

ところが、同じところに固まると、たとえ東大法学部を出ていても、課長にもなれない人がたくさん出てくるような会社もあるわけですね。

「入るときの尊敬を得たい」からと、わざわざそこへ行くのが本当によいかどうかということは、そのなかでも勝ち上がっていけるだけの自信があれば結構なのですが、卒業時点ですでに〝息切《いきぎ》れ〟をしているようなタイプであれば、ちょっと考えたほうがよいのではないかという気がします。

そうであれば、やはり、もう少し自分を使ってくれそうなところや、評価してくれそうなところなどに行ったほうが、活躍できる可能性はあるということです。

これは、本当に、「成績がいいという意味で頭がいい」ということなのか、それとも、「人間として頭がいい」ということなのかの分かれ目ですので、よく考えたほうがよいでしょう。

あなたは「内定を幾《いく》つも取ること」をどう考える?

池田　今、「企業選び」等のお話を賜《たまわ》りました。

ここで、さらに、学生の具体的な悩《なや》みのところについてお伺いできればと思います。

今、幸福の科学で活動をしている学生のなかには、「将来、教団の職員として出家《しゅっけ》するか」、「在家《ざいけ》の信者として活動を続けるか」というところについて、どう考えたらよいか悩んでいる方もいます。

特に、幸福の科学学園生や、学園の卒業生、あるいはHSU生などですと、教団を中心とするような環境《かんきょう》で育った分、「社会人としてまず外で成功をして、そのあと出家する道も考える」というようなことを言っている学生もいます。

これは「天命の見分け方」の話に戻《もど》ってしまうかもしれませんが、そのような学生に、アドバイスを頂ければと思います。

大川隆法　うーん、私と総裁補佐に就職経験があるので、それも影《えい》響《きょう》しているのかもしれません。
どうなのでしょうね。やはり、それは、三宅さんの顔色を見て、自分のことを欲《ほ》しそうにしているか、最後あたりで採るかどうかを迷っているかというところを見て、「出家」すべきか、「在家」で行くべきかを考えてもよいのかもしれません。

三宅　いえいえ（笑）（会場笑）。

大川隆法　当会も、人事面では、やや〝大名《だいみょう》商売〟のようなことをしているところがありましたので、私は改めるように言ったんですけれどもね。

要するに、「ほかのところで内定を取ってきたあと、どういうところが内定を出したかを見て、出家を認める」というようなことを以前はしていたのです。よそで内定を取って、すでに研修を始めている人を、最後に平気で「引き抜く癖《くせ》」が幸福の科学の人事には昔からありました。そうやって、最後に採るんですよ。

採用先では、すでに内定を決め、内部研修も始まっていて、人数としてカウントしているのに、当会がそのあとに引き抜くようなことをしていたらしいのですが、私は、「いくら何でも、それでは迷惑《めい》《わく》をかけるし、やはり、うちの評判も悪くなるよ。どうしても欲しい人なら早めに採りなさい。そうでなければ相手先がかわいそうですよ」ということを伝えました。

それは、ほかのところで内定が出ている人を選んで採るという殿《との》様《さま》商売のようなやり方でもあるけれども、逆に言うと、「自分では『この人はできるかどうか』ということが分からないので、外部ではどう評価するのかを見てからにする」という意味での責任回避《かいひ》でもあるのかなとも思います。

私が学生のころにも、「五個も十個も」というように、幾《いく》つも内定を取って、勲章《くんしょう》のように自慢《じまん》している人もいましたし、一方、自分が行きたいと思っている会社が決まったら、ほかのところはすべて断っているような人もいました。

そういう人に聞くと、「あのねえ、おまえはそう言うけどなあ、二社、三社、四社と、複数の内定を取って喜んでいる人の気が知れない。あとでそれを断るときに、相手が傷つくのが分からないのか。自分が内定を取っていることでほかの人は落ちているんだから、本当に行く気がないのであれば、それは、やはり、断っておくべきだ」というようなことを言っていました。

そのように、律儀《りちぎ》に、自分が「行ってもよい」と思っているところが決まった場合は、ほかのところをきちんとお断りするようなタイプもいたり、「何人の女性にモテるか」というような感じで、勲章のように一生懸命《いっしょうけんめい》、内定を集め続けているような人もいたり、いろいろな人がいたんです。

　それでも、企業のほうも多少は〝逃《に》げる〟のを想定して、〝バブル〟として内定を出しているところもあるというような、ある程度、「プロとしての読み」もありますので、実際にはどうであるかは分かりませんけれども。

（質問については）まあ、どうでしょうかね。私のほうは、何とも言えない、微妙《びみょう》な気分です。

　学生時代の私の場合は、「どんなところが自分に関心を示すかを知りたい」という気持ちはありましたけれども、まだ仕事のことは分からなかったので、やはり、いちばん強く「来てくれ」と言うところに行きました。

　要するに、学生のうちは、社会に出たらどんな仕事をやるのかというようなことは、本当のところは分かりませんので、実際に仕事をしている人が「ぜひ来てくれ」と強く言うところこそ、「自分のことをいちばん欲してくれているところなんだろうな」と思って、そちらのほうを中心に考えたということはありました。

「一般《いっぱん》企業《きぎょう》に就職するか、宗教の道に進むか」という選択《せんたく》

大川隆法　まあ、実社会で経験を積んでから出家したほうがよいという考えもあろうかとは思いますが、ただ、その質問は、おそらく、どちらがよいか分からずに迷っている人のことでしょうね。

要するに、本当は、友達を見ていると、「何だ。宗教をやっているのか」というように悪く言われる場合もあるのでしょうし、やはり、「世間《せけん》で名前のある会社などに就職できれば尊敬される」というようなところもあるかもしれませんし、実は彼女をつくるといった問題で、就職はほかのところへ決めたほうが彼女をゲットしやすいとか、キープしやすいとかいうようなことも、もしかしたら、入

っているのかもしれません。

そういうことを相手に隠《かく》していたり、あまり表に出さずに付き合っていたりしたような場合は、自分の進路として宗教のほうへ行くのであれば、相手が信仰《しんこう》のところについてこられないときには別れることになるかもしれませんが、「一般《いっぱん》企業《きぎょう》ならば結婚《けっこん》ができる」とか思うようなところはあるのかもしれないですね。

そのように、総合的に、その人の価値判断が試《ため》されてはいるのかなということです。

ですから、迷ったら、最後は人事局長に訊《き》くかほかの人に訊くかは分かりませんが、「私は、本当に宗教で通用すると思いますか」と訊いてみたらよいのです。

あるいは、自信を持っている人であれば、池田局長に体当たりしてみて、「あなたに局長ができるのであれば、私は、もうちょっと行けると思うわ」と言って（笑）、どうぞ、入ってきていただければと思います。

池田　（笑）

大川隆法　でも、「池田さんが局長か。じゃあ、それは、とてもじゃないけれども、自分には無理だな。これは、ほかの会社へ行って、そこで評価してもらったほうが楽かもしれない」と思うのであれば、やはり、そちらのほうへ行ったほうがよいかもしれません。

あるいは、「ほかの民間会社経由で来たほうが箔《はく》がつく」というような計算をする人もいるかもしれませんが、そういうふうに、〝和洋折衷《わようせっちゅう》〟で両方を楽しみたい人はそれでもよいかもしれません。

ただ、中途《ちゅうと》で当会に来るのは、やはり、それなりに「条件」が合わなければ、そう簡単ではないこともあります。

当会の職員採用も、今は、新卒が中心になってきてはいますので、中途で来る場合には、よほど「そういう人材が欲しい」というようなスペシャリティ（専門性、得意分野）が何かあればよいのですが、そうではない場合には、必ずしもそうは言えません。

例えば、国際本部が海外に強い人材を求めていて、外資系や国際企業等において、実際に海外で働いていた人が「出家したい」というような場合、こちらもその人のことを「使える」と見たら、やはり、欲しいというような場合もあるでしょう。あるいは、その人が何らかの〝武器〟となるノウハウを持っていて、しかも当会のなかでその部分が欠けていて戦力を補充《ほじゅう》しなければいけないようなときには、使ってみてもよいと思うかもしれません。ただ、一般的には、簡単ではないところもあるかと思いますね。

池田　はい。ありがとうございます。

大川隆法　総裁補佐からは何かありますか。

大川紫央　そうですね。私自身、本にも書かせていただいたように、就活のときに実際に悩《なや》んだ体験がありますので、今は、そういう方の気持ちがすごくよく分かります。

ただ、最終的には、他の人から言われたことではなく、「自分で決断するべきときに決断をしていく」ということを、自分の人生をつくっていくための一つのスタイルにしなければいけないですし、「その判断の結果が自分の人生の集大成になっていく」と考えますので、そこは、もうご自分でお決めになるしかないのかなと、私は思っています。

当会の学生が外部のところへ行ったからといって、必ずしも信仰心が劣《おと》っているとも思いません。まあ、周りからは、「信仰心がないんじゃないか」というような念波《ねんぱ》を感じるかもしれませんが、自分自身のなかに信仰心がしっかりしていて、総裁先生のお役に立ちたくて、社会のなかで働きたいという人を、信仰心が劣っているとは、私はまったく思いません。信仰心を持っている人が、一般社会のなかでも活躍するということは、私にとっても、とてもうれしいことですし、総裁先生にとってもそうだと思うんです。

ですから、そこは、「自分は、何をすることによって、総裁先生のお役に立ちたいのか」といったところを、じっくりと考えてほしいなと思います。

そして、出家を志す方でも、自分が考えた結果、「ぜひとも出家してお役に立たせていただきたい」という決意と熱意を持って扉《とびら》を叩《たた》いていただきたいと私は思っています。

ドラッカー守護霊《しゅごれい》から受けた「中途《ちゅうと》採用基準のアドバイス」

大川隆法　もう二十年ぐらい昔になりますけれども、ピーター・ドラッカー先生の守護霊《しゅごれい》から、こんなアドバイスを受けたことがありました。当会の今の幹部は、そのころに出家した人が多いと思いますけれども、当時はまだ、バンバカボンボコと中途《ちゅうと》採用をたくさんしていたんですね。

でも、ドラッカー先生の守護霊から、「年収一千万円を超《こ》えている人は採らないほうがいいよ」と叱《しか》られました。

普通《ふつう》は、偉《えら》い人はよいのかと思うけれども、そういう人が来ると、報酬《ほうしゅう》体系を引き上げる傾向《けいこう》があって、全体的に給料が上がるのです。

●ピーター・ドラッカー（一九〇九～二〇〇五）
オーストリア生まれの経営学者、社会生態学者。『現代の経営』『イノベーションと企業家精神』などの数多くの著作は、世界の企業経営者に大きな影響を与え、その業績から、「マネジメントの父」と称される。

ところが、実際は、そういう人は、もとの会社では長くやっていたために仕事ができるようにはなったけれども、当会に来てからは、それほどはできないことも多くありました。

当時、実際に外で高い給料をもらっていた人が当会に来た場合には、その〝七掛《ななか》け〟ぐらいの額にするようにしていたのですが、〝七掛け〟でもけっこう高いんですよ。そういう高い給料の人にほかの人も合わせようとすると、給与《きゅうよ》テーブル（表）のランクが上がっていくんです。

当時、仏教雑誌か何かの投書欄《らん》あたりの記事で、どこかの地方の人らしき声が載《の》っていたのを覚えていますが、「うちの弟が、二十年勤めた企業を辞《や》めて、某《ぼう》宗教に入ったら、給料が二倍になったので驚《おどろ》いた」というんですね。

それは、文脈からすると、どう見ても幸福の科学のこととしか思えませんでした。おそらく、地方で支部の職員として採った人のことだったのではないかと思います。

地方企業であれば、給料は安いですし、それほど上がりません。そこには「二十年勤めて……」とありましたので、それなりの年齢《ねんれい》の方だと思います。おそらく、四十歳《さい》前後でしょうけれども、それでも、地方企業であれば、給料は二十万円ぐらいだったのではないでしょうか。東京のほうで採っている中途採用の人たちは、前職での給料がもっと高いので、それとの調整をするために、結果的には倍ぐらいに上がってしまったと思われます。もし四十歳過ぎぐらいだったら、当時はたぶん四十万円から五十万円ぐらいにはなったのでしょう。それで、その兄貴《あにき》のほうが驚いてしまって、「宗教でこんなことがあっていいのか！」というようなことを書いたのでしょうけれども、それを見て、「あっ！　ちょっと雑だったかなあ」と思ったことがあるんです。

その時代は、大手の都市銀行や証券会社など、丸《まる》の内《うち》に本社を持っているような企業から、部長クラスの人がたくさん入ってきていたために、給料が高くて高くてしかたがありませんでした。

例えば、前職では、課長クラスで年収一千五百万円ぐらいだった人を入れる場合、こちらの給与体系では払《はら》えないので、当会での役職を部長クラスにするのです。それに、たとえ当会の職員になったばかりで仕事はできなくても、一千五百万円の給料を七掛けにして、一千万円ぐらいは出さなければいけないことになります。

そうすると、「同じ年齢層の人たちの給料はどうなんだ?」という感じになってきて、いろいろと調整をしていくうちに、だんだん給料体系が上がってしまったのです。

そこで、ドラッカー先生の守護霊から、「もう、そういう人はあまり採らないで、信者として献金《けんきん》をしてもらいなさい。そのほうがいい。そうすれば彼らも幸福で、収入もあると奥《おく》さんも子供も満足するので、教団にもさらに寄付してくださるから、それでよい。そういう人に来てもらっても、実は仕事ができないのに、役職には就《つ》けて給料を払わなければいけなくなり、お互《たが》いに不幸になるから、おやめなさい」と言われました。

「新規で採って、『支部長で、もう十分です。支部長になれたら、私は、それでもう一生の仕事として納得《なっとく》できます。住職《じゅうしょく》で結構です』という人がだいたい八割ぐらいでよい。『支部長だけでは足りない。教団の幹部になってもうちょっと働きたい』という人を二割ぐらいは採っておいたほうがよいとしても、全員は要《い》らない。全員がそういう人ばかりだったら、もたなくなるから」というような感じで、二十年ほど前に叱られたのを覚えています。

今、幸福の科学が特に求めている人材とは

大川隆法　まあ、確かに、宗教というのは、一般には、どこも「ローコスト経営」でやっていて、バリバリの企業よりも給料が高いなどということは、あまりあってはならないことですし、普通は低くて、少ししか上がらないことが多いのですが、当会は、比較《ひかく》的、「出す人には高く出している」ほうではあるのです。

（池田に）あなたなども、同期と比べると給料が高くなりすぎて、ちょっと困っているほうでしょう？　そろそろ〝たかられて〟いるのではありませんか。

池田　私ですか（笑）。いえ、特に、そういう話は……。

大川隆法　感じない？

池田　まだ、そういう話はあまりしたことがないんです（苦笑）。

大川隆法　感じませんか。ああ、そうですか。

まあ、それは訊いてみたら分かりますよ。卒業年次が同じ人たちに訊いてみたら、だいたい分かると思います。

そのあたりのことは本当に難しいところがあります。過去には、中途で入るにしても、もう出世しすぎていて給料が高くなりすぎているような人の場合には、来てもらっても、まあ、双方《そうほう》とも不幸になる場合もありました。

今は、そのくらいの年齢になってから中途で来る人はほとんどいませんので、そういうことも、あまりありませんけれどもね。まあ、いろいろな仕事を多少なりとも知っている人もよいことはよいのですけれども、当会独自のカルチャーがだんだんできつつありますので。

三宅さんはマーケティングなどがお得意の分野ですが、こういう人を人事局長に据《す》えたりしているのは、「もう少しマーケティングができるようなタイプの人を採れ」という意味で置いてあるというぐらいのことは、知っておいたほうがよいと思います。

当会のなかには、おとなしくて真面目《まじめ》な人が多いのですけれども、指示がないと何もしない人もけっこういるのです。これは、役所や研究者などに多いタイプですね。

でも、それではちょっと困るので、全体的にイノベーションをかけたいと思っているところはあります。

三宅　分かりました。ありがとうございます。

就活の極意

- 「ピークよりも少し前のところ、今後、多少なりとも成長する可能性のある会社」のほうがいい。
- 「入ったときだけ人から尊敬される」という“外のものさし”のみで、会社を選んではいけない。
- 「入ってからあと、自分はどう教育を受け、仕事ができるようになり、どう評価されるだろうか」というところまで、考えておかなければいけない。

就活ゆうしゃは
飛躍のつばさを
手に入れた！
レベルが上がった！

極意7

▼

「就活のストレス耐《たい》性《せい》」がつく「考え方」を覚えよう

「壁《かべ》にぶつかる」ことが、「適性発見につながる」こともある

三宅　総裁補佐《ほさ》の『就活必勝法』（前掲《ぜんけい》）でも、「就活は、夢やビジョンを描《えが》き、元気になれる時期だ」ということをお教えいただいていますが、その一方で、「やや鬱《うつ》になってしまった時期もあった」とも書かれています。まあ、実際にそういう人は多いかなと、私も感じています。

また、企業《きぎょう》のほうからも、そうした就職活動全般《ぜんぱん》を通して、学生の忍耐力《にんたいりょく》といいますか、ストレス耐性《たいせい》のようなところを見ているところはあると思います。そこで、このなかでの「挫折《ざせつ》」等を乗り越《こ》えて、もう一段、本来の自分を見つめつつ、就職活動を進めていくコツなどがありましたら、教えていただければと思います。

大川紫央　そうですねえ……。就活をしていて、自分の携帯《けいたい》電話が鳴らないときの〝恐怖《きょうふ》感〟というのは（会場笑）、私も、一時期、本当に感じたことがあります。友達はどんどん進んでいくんですが、自分の携帯電話はまったく鳴らず、「私はこの先どうなっていくんだろう。世の中から本当に必要とされているのかな」とか、いろいろと不安に思うことは、もちろんありました。

そのように、なかなか就職が決まらず、本当につらい思いをされている人もいるかと思うんですけれども、そのときに、やはり、諦《あきら》めずに、頑張《がんば》り抜《ぬ》くことです。

そして、自分のなかで、すごく高望みをしすぎてしまっている場合や、自分の望んでいる分野の人たちが、自分を必要としていない可能性があると思われる場合には、もしかしたら、ほかの人には見

「お祈り」メールの嵐だ！
就活ゆうしゃはヘコんできた！
どうする！？

えているのに、自分では気づいていないような、自分のなかの違《ちが》う面もあるかもしれません。
まあ、いろいろなことを考えなければいけない時期ですし、そういうときに、「苦しくても諦めずに、どのような次の道を拓《ひら》いていくことができるか」ということも、また、人生を拓いていく上ではとても大切なことになるのかなとは思います。
忍耐するということは……。

大川隆法　ストレスに対する耐性ですね。

大川紫央　ストレスですね。

大川隆法　それは、就活に関してですか。それとも、その先まで?

大川紫央　就活に関してです。就活中に、なかなか内定が決まらなかったりしたら……。

大川隆法　いやあ、どこも厳しいみたいですよ。

ちなみに、当会のニュースター・プロダクションに所属しているタレントたちを見ても、オーディションをたくさん受けているようですけど、普通《ふつう》にいくと、五十回受けて一つ決まればいいほうだそうです。これは就活で言えば、五十社受けて一つ引っ掛《か》かるかどうかぐらいになるのでしょうが、就活もそう考えると、けっこう厳しいですよね。

三宅　百社以上、受ける方も多いそうです。

●ニュースター・プロダクション（NSP）　二〇一一年一月に設立された、幸福の科学グループの芸能プロダクション。二〇一六年にプロダクション初の製作作品となる、映画「天使に〝アイム・ファイン〟」が全国公開。二〇一七年五月には、大川宏洋《ひろし》社長が総合プロデューサー、脚本、俳優の三役で参画する映画「君のまなざし」が公開予定。

大川隆法　いや、なかなか厳しいですね。「四十九回落ちて、まだ受けるだけの気力があるか」と言われて、自分を取り戻《もど》すのはきついでしょう。

まあ、役者として売っても、途中《とちゅう》から消えていく人は大勢いるわけですから、そんなところはあるでしょうね。だから、本当の才能がどれだけあるかを見極《みきわ》めなければいけないところもあるし、結局、決めてくれるのは視聴者《しちょうしゃ》とか、そういう「外の人」なんですね。

同じように、会社の仕事等であっても、決めてくれるのは「お客様」なんです。

例えば、当会と縁《えん》のある大黒天《だいこくてん》物産のような企業で就職採用してくれたとしても、店に配置されて、まったく物を売れないようなタイプだったら、社長だって腹が立ってくるでしょう。「●仏法真理《ぶっぽうしんり》を

●仏法真理
この世とあの世を貫き、過去・現在・未来を貫く、宇宙の普遍の真理、仏神の教えのこと。また、幸福の科学で説かれている教えのこと。

学んでいるからといったって、大根一本も売れんのか。そのくらいは売れよ！」と言いたくなるところはあると思います。

もちろん、勉強しなければいけないことや、学んでクリアできる面もあるとは思うけれども、「適性」というものがあるのは事実なので、「自分がその適性に立っているかどうか」は、常にチェックしなければいけません。

やはり、努力して適性の部分をつくれる面と、努力しても向いていない面というのがあるので、後者の場合には、自分の生き筋《すじ》を探さなければいけないところはあるでしょう。そのあたりを間違えてはいけないと思いますね。

大川紫央　そうですね。就活のときには、「夢」や「未来のビジョン」を描《えが》くことができると同時に、現実の自分とぶつからざるをえないところもあります。そのなかで、リアリスティックに考えないといけない、この「現実を突《つ》きつけられる感じ」というのも非常に大事だと思います。

そういう面にぶち当たって、逆に自分自身に対して自信がなくなってしまったりするかもしれませんが、人生は、全般的に見ても、そんなに楽しいことばかりではないわけですし。

大川隆法　そう、そう。

大川紫央　やはり、「自分に与《あた》えられた環境《かんきょう》のなかで、いかに最善を尽《つ》くすか」ということは、人生の問題集の一つでもあると思います。

そういう意味で、就職活動が全然うまくいかなかったとしても、頑張れば、何かしら道が拓ける部分はありますので、いい意味で現実的に物事を考えて、自分の人生を着実に生きていく考え方も見つけていかなければいけないのかなというようには思います。

単なる挫折とか、もう夢がなくなったとか、そういう問題ではなくて、「人生も修行《しゅぎょう》の一つ」と言えば修行の一つですし、そういう面から目を背《そむ》けるのではなくて、向き合っていくことも重要なのではないかと思います。

自分の持っている「可能性の要素」を見極《みきわ》めているか？

大川隆法　まあ、当会の教えのなかには、「思いは実現する」とか、「Think《スィンク》 Big《ビッグ》!」とか説かれているものがあって（『Think Big!』●〔幸福の科学出版刊〕等参照）、若い人にはそちらの系統の教えが好きな人も多いんですけれども、私の次女に聞いた話では、ＨＳＵの未来

●『Think Big!』
日本に蔓延する「縮み思考」を吹き飛ばし、人生を切り拓くための青春の指針（大川隆法著、幸福の科学出版刊）。

創造学部の友達のなかに、映画監督《かんとく》志望の人が十人弱ぐらいはいるようですね。

ただ、どう考えても、同期でそんなにたくさんの人が監督になれるとは思えません。

まあ、それは、いろいろと〝修行〟をした上で監督になれることもあるかもしれないけれども、正直に言って、監督を志望していても、結果的には役者になることもあるでしょう。あるいは、メイク係になったり、衣装《いしょう》係になったり、道具係になったりすることもあるでしょうし、その他、旅行の手配係や秘書、運搬《うんぱん》係など、何らかのかかわりのあるものに引っ掛かっていて、他のものに転職したりと、まあ、いろいろと道が分かれていくこともあると思います。ただ、誰《だれ》がそうなるかは分かりません。

だからといって、「監督になりたい」という夢を持つのが間違いだとは言えないし、そういう気持ちを持っているのはよいことだと思うのですが、十人近い志望者が全員監督にはなれないだろうということは、まあ、確率論的に見れば、ある程度は「読める」わけです。

ただ、もし適性があって、適切な努力をし、資本主義の世界のなかで認められるような、経済的な面でも結果を出しつつ、まずまず他人《ひと》の受けもよければ、だんだんそれに近づいていくという道はあるかもしれませんね。そのように、少しずつ業務知識を身につけながら近づいていくこともあるでしょうが、途中でその道が違うものに転じることだってあるだろうと思うんです。

例えば、映画監督にはなれなかったけれども、「代議士になった」とか、「デパートの営業企画担当になってしまった」とかいうような人もいるかもしれません。それは、どこかで受け入れなければいけない部分もあると思うんです。

会社に入っても同じで、百人から二百人ぐらい採るような会社では、新入社員のころには「社長になりたい！」というような人が八割ぐらいいたりするんですが、一年後に聞いてみると、そういう人は半分もいなくなって、「せめて部長ぐらいにはなりたい」というあたりの人が半分ぐらいになり、次には「課長ぐらいになりたい」という感じになって、だんだん下がっていくわけです。やはり、現実が分かってくるところがあるのだろうと思うんですね。

そういう意味で、思いが実現しない場合もあるかもしれませんが、客観的に必要な人材と、自分がこうだと思っているものとの〝需給《じゅきゅう》ギャップ〟の部分はあるわけです。

まあ、そうは言っても、世間《せけん》では「人材の値段」が決まってくるんですよ。いろいろと市場に出て使ってもらっているうちに、「この人は失敗が多いな」と思われると値段が下がってくるし、小さくても成功をたくさん積み重ねていると、「人材としての値段」は上がってくるわけです。

例えば、映画監督になる場合でも、一作で成功したら次の依頼《いらい》が来て、それも成功したら、また依頼が来て……という感じになると思います。

ところが、大失敗をして、大赤字で会社を潰《つぶ》してしまったというような経験があると、お呼びがかからなくなるわけですね。

したがって、このへんは非常に難しいところで、「自分を知る戦い」ではあると思います。

ただ、自分の持っている可能性のなかで、幾《いく》つかの可能性の要素は見極《みきわ》めておいたほうがいいでしょう。「この道で駄目《だめ》でも、自分の可能性の要素からすれば、まだこういう仕事もできるな」というものは知っておいたほうがいいと思いますね。

「仕事の環境《かんきょう》をどのように捉《とら》えるか」は自分の心次第《しだい》

大川紫央　みんなが憧《あこが》れるような大企業に入ったとしても、最初にスタートする仕事というのは、やはり、どこも同じように地味な仕事や細《こま》かい仕事で、上司にも怒《おこ》られたり、注意されたり、指摘《してき》されたりしながらやっていくものです。

大川隆法　そう、そう。

大川紫央　また、大企業に入ってしまったために、〝歯車の一つ〟になってしまう場合もあると思うんです。小さな会社に入ったからこそ、大きな仕事を任せてもらえるようになる場合もあるので、みんなが憧れているからといって、それが必ずしも自分に当てはまるわけではありません。

やはり、総裁先生が教えてくださっているように、自分の心次第《しだい》で、環境《かんきょう》をどのようにでも捉《とら》えることはできると思います。信仰《しんこう》を持って総裁先生の教えを学んでいる方々の場合、「自分の心を環境に合わせて、どう肥《こ》やしていくか」という方向に目を向けてもらうことができれば、それほど挫折したりする感じにならなくてもいいのではないでしょうか。

大川隆法　ちょっと、三十年前ぐらいにタイムスリップしてみると、幸福の科学が●西荻窪《にしおぎくぼ》にある六畳一間《ろくじょうひとま》の部屋をタダで借りて事務所を開いたころなどは、月五万円のアルバイト代をもらっている二人の職員がいましたが、そのうちの一人は、焼き鳥屋で働きながら当会の仕事を手伝っていましたし、私には給料が出ておらず、家賃も払《はら》

●**西荻窪にある……**　幸福の科学は一九八六年に立宗。当時、東京都杉並区に開設された、一軒家の二階を増築してつくった六畳一間の事務所からスタートした。

わないで運営していたわけです。
私自身も、「説法《せっぽう》をしても全然人気が出なかったら、何かほかの仕事なり、アルバイトでも探さないといけない」と思っていたぐらいの不安定さというか、自信のなさで始めたぐらいだったんですね。六畳一間のタダの事務所で、五万円のアルバイト代で働いている二人がいるようなレベルのところに、あなた（池田）は就職できますか。

池田 （苦笑）

大川隆法 「幸福の科学は三十年後には大きくなっているぞ」と言われて、あなたは就職できますか。きついでしょう。

池田 そのときのことはちょっと分からないのですが……（笑）。

どうでしょうか……。

大川隆法　ただ、編集の斎藤哲秀《さいとうてっしゅう》さん（現・幸福の科学編集系統括《とうかつ》担当専務理事）は、そのころに来たんですよ。でも、五万円のアルバイトの人に断られたりして、帰っていったわけです。

善川三朗名誉顧問《よしかわさぶろうめいよこもん》の霊言《れいげん》●『善川三朗　大悟《たいご》35周年を語る』（宗教法人幸福の科学刊）を読めば、山口篤《やまぐちあつし》さん（現・幸福の科学事務局総務部部長代理）に面接されたけれども、「感じの悪そうな人だから、悪霊《あくれい》が憑《つ》いているに違いない」ということで、入会手続きを拒《こば》まれて追い返されたと書いてあります。まあ、そのあとで職員になっていますけれどもね。

そのころに飛び込《こ》んできたような人も、まだ〝生き残って〟はいます。こういう人は、会社の規模なんて全然気にしていなくて、好

●『善川三朗　大悟《たいご》35周年を語る』
大川隆法の父・善川三朗名誉顧問の霊が仏弟子たちを叱咤激励。志を百倍にし、使命を果たすための心構えを熱く語る。（大川隆法著、宗教法人幸福の科学刊）

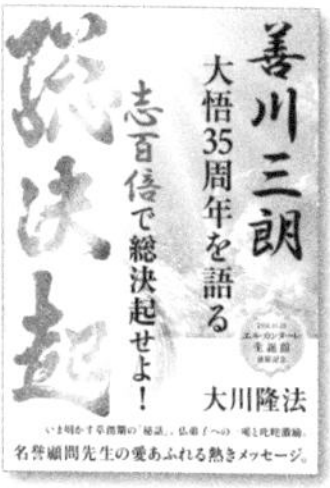

きで来ているんでしょうね。

出版会社を起業したとき、ここに苦労した

大川紫央　私たちは、現在、総裁先生がいらっしゃって、教えもたくさん説かれていて、職員も信者の方々も周りにいらっしゃるという状況《じょうきょう》からのことしか知りません。

総裁先生は会社を辞《や》められ、すべてを捨てて、まだ誰も信者がいないときに、お一人で真理の教えを説かれ始めました。それがどれほどの勇気を必要とすることかを思うと、私たち弟子も、「ちょっとしたことで、自分は駄目なんだとか思っている場合ではないな」と思いますね。

大川隆法　まあ、情けないながら、私も、「失敗した場合には、英

語あたりが多少できれば、どこかの塾《じゅく》で雇《やと》ってもらえないかな」とかいうようなことを考えていなかったかと言えば嘘《うそ》になりますね（笑）。「万一《まんいつ》、〝ド失敗〟という感じで終わった場合は、代々木《よよぎ》ゼミナールか東進《とうしん》ハイスクールにでも雇ってもらわないといけないかな」と思っていたようなときもありました。「海外で仕事をしたことがあるし、英語もある程度はできたし、英語の資格も多少は持っていたので、まだ大丈夫《だいじょうぶ》かな」というぐらいのことも思っていたんですけどね。

実際は、「案ずるより産むが易《やす》し」で、やっているうちにだんだんだんだん大きくなっていきましたが。

ただ、大企業に勤めていたとしても、世間についてそれほど分かっていたわけではなくて……。

いやあ、本当に、あまり分からないものですね。大企業に勤めていると、だいたい「企業 対 企業」で商売をしています。相手も企業の代表でやっているので、自分で商売をしているわけではなく「企業 対 企業」で交渉《こうしょう》しているレベルですから、個人でやってみると、だいぶ違いはあるんですよね。

例えば、幸福の科学出版という株式会社をつくるときでも、私は大企業の経験があるものだから、「株式会社」と名が付くのは一部上場の大企業のように思ってしまうところがあるわけです。それで、「株を上場して公開しないといけないのかな」と思っているような状態でした。

ただ、一般の株式会社というのは、ほとんどが家族などで個人的にやっているレベルなんです。三十歳《さい》にもなって、そういうことをよく知らないぐらいだったので、大企業勤務の経験と、実際に一からまったく新しくつくっていくことには、かなりのズレがありまし

●幸福の科学出版
一九八七年に設立。国内外で幸福の科学的文化を広げる事業を展開。大川隆法総裁の仏法真理の書を中心に、ビジネス、自己啓発、小説など、さまざまなジャンルの書籍・雑誌を出版。ほかにも、映画事業、文学・学術発展のための振興事業、テレビ・ラジオ番組の提供、国際ブックフェアへの出展なども行っている。

た。

当時、潮文社《ちょうぶんしゃ》というところから本を出版していましたが、名前に「株式会社」と付いている以上、私のいた会社が付き合っていたような株式会社のようなレベルかなあと思ったら、そんなことはなく、家族でやっているぐらいの経営であったわけです。

ですから、幸福の科学出版という株式会社をつくるときも、「どうすればつくれるのだろう」ということで、最初は本当に〝ウロキョロ〟で困りましたが、支援霊《しえんれい》の行基《ぎょうき》あたりから、「自分で出版の社長ができなかったら、人にやらせることなんかできないよ。人にやらせようと思っているけど、駄目だ！」という感じで叱《しか》られました。

当初は、そういうことをできる人を呼んできてやらせようと思ったのですが、行基から「まず自分ができなければ、人にやらせることはできないよ。自分で勉強しろ！　全部、隅々《すみずみ》までできなければ

●**行基（六六八～七四九）**　奈良時代の僧侶。灌漑や架橋等の社会事業に尽力。聖武《しょうむ》天皇の命により、東大寺の大仏建立《こんりゅう》を主導した。大僧正《だいそうじょう》となり、

いけないとは言わないが、少なくとも八割ぐらいはだいたい分かっているようでなければ、人に任せるのは無理だ」というようなことを言われたわけです。

そのように、出版社一つつくるのにも苦労はしました。

それに、「印刷会社の社長だ」と称《しょう》する信者に騙《だま》されたこともあります。

「印刷会社をやっていて、取次店《とりつぎ》とも密接な関係があるので、私がまず幸福の科学出版をつくりましょう。そちらの組織ができたときにはお返ししますから」というような感じで言ってきたので、信じてやらせてみたら、何のことはなく、印刷会社の社長というのは大ぼらで、ただのブローカーでした。いつも、「社員が大勢いて汗《あせ》を流して働いている」というような話をしていたので、「何百人も社員がいるのかな」と思っていたら、奥《おく》さんと二人でブローカーをやっているだけだったのです。

しかも、こちらの版権《はんけん》を返してくれなかったため、弁護士等も入れてけっこう厳しいやり取りをして、やっと出版のほうを立ち上げました。

やはり、知らないと、それに乗《じょう》ぜられます。信者であっても、来たばかりの人では、それほど信用するわけにもいきません。儲《もう》けができると思えば、そこにスッと入ってくることもあるわけです。

まあ、そういうことで、最初のころはだいぶ苦労もしました。

「ゼロから会社を大きくしていく」のは、ここが難しい

大川隆法　また、講談社フライデー事件の影響《えいきょう》で資金繰《ぐ》りに困っていたころには、戦後有名になった「M資金」の話を持ちかけられました。「M資金という、進駐《しんちゅう》軍の隠《かく》し財宝のようなものがあって、

●**講談社フライデー事件**　一九九一年、講談社が週刊「フライデー」誌上などで、捏造に基づく悪質な記事を連続掲載し、幸福の科学を誹謗・中傷。それに対し、精神的苦痛や風評被害を受けた信者たちが、信仰心に基づき抗議した出来事。

これがいろいろな企業を助けてきたんです。●松下幸之助《まつしたこうのすけ》さんも困ったときに助けてもらったことがあるんですよ」というようなことを言ってくる人がいたわけです。

確かに、話としては聞いたことがあるし、「松下幸之助さんも、●GLAの高橋信次《たかはししんじ》さんも、困ったときにはM資金に助けてもらった」ということだったので、「本当かな」と言いつつ、いちおう会ってみたことがあるんです。

そのときは、たまたま当会の事務局長が銀行出身者だったので一《いっ》緒《しょ》に話を聞いたのですが、「どう思う?」と訊《き》くと、「先生、やっぱり、これはくさいから、やめておきましょうか。詐欺《さぎ》っぽいですね。こんなにうまい話はないし、慈善《じぜん》事業のように金を貸してくれるなんて思えません」と言っていました。私も、「そう思いますか。実は私もそう思う。これは、どうも信用できないですね」と言って、

●松下幸之助
（一八九四〜一九八九）
松下電器産業（現・パナソニック）を創業し、「経営の神様」と呼ばれる名経営者。政治家養成機関・松下政経塾を創立。

●GLAの高橋信次
（一九二七〜一九七六）
昭和期の宗教家。電機系の会社を経営しながら、新宗教GLAを創設し、霊現象（いわゆる霊道現象）を数多く行った。

お金には困っていたものの、丁寧《ていねい》にお断りしました。

すると、一カ月後の日経新聞に、「M資金詐欺が横行」という記事が出ていまして（笑）、やられたところがあったようですが、こちらにはたまたま商社の元財務マンと元銀行員がいたので、話を聞いて「くさい」と思ったのです。

話として松下幸之助と高橋信次を出してこられて、こちらも信じてしまいそうになりかかったものの、結局、お断りをして、そのときは信者さんに一時的にお金を借りることで切り抜けて、立て直したのです。

まあ、要するに、実社会で会社経験をしていたとしても、実際に起業して会社をつくるというのは実に難しいことなのです。「小さいところから中ぐらいにして大きくしていく」という〝変身〟の過程を一人でやっていくのは、それほど簡単なことではありません。

ですから、大企業を辞めた人で会社をすぐにつくれるかといったら、つくれないと思います。

実際、自分のところよりもやや小さいぐらいの会社に行って、そこで少し上のタイトル（肩書《かたがき》）で使ってもらうような感じで会社を大きくする程度のことならできることが多いんですけれども、ゼロからつくれるかといったら、かなり難しいのです。

それでも、私は比較的《ひかく》器用なほうだと言われていて、当会初期の六畳の事務所のころは、私自身は自宅マンションのほうで執務《しつむ》をしていたんですが、「会員になりたい」という入会届が来たら封筒《ふうとう》を切って、開けて読んで判定をしていました。総裁（当時は主宰《しゅさい》）がこれをやっていたわけです。

「これには返事を出してください」とか、「これは霊障《れいしょう》を感じるから落としてください」とか伝えたり（笑）、「三カ月待機」「六カ月

●入会願書制度
幸福の科学草創期の制度。仏法真理の書籍を十冊読んだ感想や入会の志望動機を書き、審査を経て入会許可を得るというもので、当時の合格率は三～四割程度。宗教でこうした制度を設けることは初めてのことであったが、厳しい条件であったにもかかわらず、三年ほどで信者は一万人を超えた。

待機」という判子《はんこ》を押《お》したりして、このあたりの封筒を切るところから私がやっていたレベルでした。

今、当会には職員が二千人ぐらいいますけれども、おそらく、これからHSU生も入ってきて、将来的には三千人から五千人ぐらいまで増えるだろうと思います。事業も多角化していく予定ではあるので、経営規模はやっと元の会社でやっていた規模に近づいてきてはいるのです。

そのように、ゼロのところからだんだん大きくしていくには、そのつど「イノベーションをかけていくこと」と、「新しいマーケティング」といいますか、新たな信者の獲得《かくとく》や、需要のある人の獲得をしていかなければいけません。これは、実に大変であったと思っています。

まあ、運もよかったですし、いろいろな人が応援をしてくれました。短期間であっても手伝ってくれて、まあ、辞めていった人もいますが、すべての人に感謝したい気持ちでいっぱいです。

「組織の規模に応じて仕事の仕方は変えるべき」と知っておこう

大川隆法　ただ、最後は「人間力」が要《い》りますね。辛抱《しんぼう》しているところや我慢《がまん》しているところ、耐《た》えているところがあると思うんです。

例えば、小さい会社から起こそうとしているような人の場合、トップ一人の力はそうとう大きいので、「耐える力」はすごく強いのです。

それから、失敗のない人生などありえないので、「自分は失敗したことがない」とか「失敗は絶対にしない」とか言っていても、「それは無理ですよ」ということです。

やはり、失敗しながら起き上がってくるのが普通なので、「ど

失敗は誰でもする！
「リバウンド力」で差をつけるんだ！

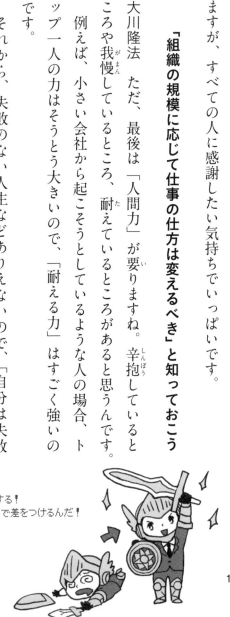

のくらい早くリバウンドしてくるか」が大切でしょう。あるいは、「次は同じ失敗をしないぞ」ということで、その失敗を「教訓」にして、ノウハウとして蓄積《ちくせき》していくことがとても大事だと思います。そういう力がなければ、在家《ざいけ》での経験があるというだけでは、やはり、駄目ですね。

特に中小企業の場合、小金《こがね》があるので、子供をいい大学に行かせて、大企業に就職させたあとに辞めさせて後継《あとつ》ぎにすることが多いんですが、大会社の場合は経費をものすごく使うんですよ。

それから、すぐにコンピュータ化したり、不要な人材を大勢揃《そろ》えたりする気《け》があるので、入れたもの同士が潰《つぶ》し合うケースが後《あと》を絶《た》ちません。規模相応の「人の使い方」や「経営の仕方」があるので、このへんが柔軟《じゅうなん》ではないと、とても難しいですね。

つまり、先ほど「素直《すなお》であれ」と言ったのは、そういう意味での、

TPOに合わせた自分のあり方で、素直に生きていかなければならないところがあるからです。

特に、東大出《で》の場合は、だいたい大企業向きか、研究者や役人向きになっているので、従業員が千人を超《こ》えないと不適合を起こすケースが非常に多いんですよ。

ちなみに、中小企業だと、自分の仕事が暇《ひま》なときにはほかのところも手伝うぐらいのことをどこもやっています。それは当たり前のことで、そうしないと、とても非効率なんですよ。暇なときはほかのところに手伝いに行って、忙《いそが》しいときは手伝いに来てもらうようなことをしています。

ところが、大企業になると、もう歯車になって、〝紐付《ひもつ》き〟になり、「『あなたの仕事はこれ』と言われたら、それしかしない」というような感じで、あとはボーッとしているのです。仕事がなくても何もしない人が大勢いるわけです。

こういう人が中小企業に行くと、能力があるかないかというより、「話にならない」というレベルで怒られることが多いんですよね。このあたりが非常に難しいところではあります。

当会は〝大企業的遺伝子〟だけでなく、支部等には〝中小企業や零細《れいさい》企業の遺伝子〟もないわけではありませんが、一人支部長のところで大企業のようなことをやっていたら、これは全然駄目でしょうね。このあたりの「柔軟」さは必要だと思います。

三宅　はい。ありがとうございます。

就活の極意

- 自分の持っている可能性のなかで、幾つかの可能性の要素は見極めておいたほうがよい。
- 「どのくらい早くリバウンドしてくるか」が大切。
- 失敗を「教訓」にして、ノウハウとして蓄積していくことがとても大事。

極意8

企《き》業《ぎょう》が〝実戦配備〟したくなる人材の〝武器〟を授《さず》ける

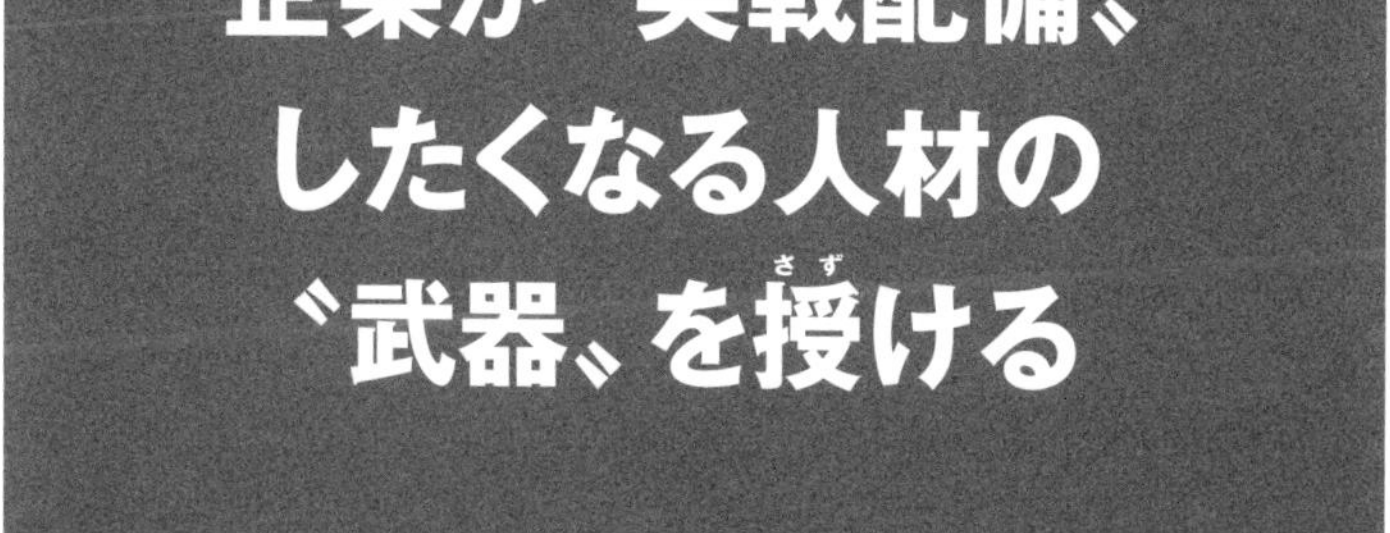

どんな英語力や留学経験があると就職活動に有利なのか？

三宅　大川総裁が創られたハッピー・サイエンス・ユニバーシティ（ＨＳＵ）は人材の宝庫です。そのＨＳＵ生の「強み」に関することや、あるいは、幸福の科学で学ばれている学生部の方々、幸福の科学学園卒の方々、これから就職活動をされる多くの方々に対して、「就活必勝法」ということで、何かアドバイスを頂ければと思います。

また、当会への出家《しゅっけ》を目指される方は、どういった精進《しょうじん》をすればよいのか、何か一言《ひとこと》ありましたら頂ければと思います。

大川隆法　出家に関して言えば、幸福の科学学園生やＨＳＵ生等は、教団が投資をして自分たちが欲《ほ》しいような人材をつくるための教育をしてきているので、「もと」がそうとう違《ちが》います。

例えば、中高にしても大学にしても、今、当会の仏法真理《ぶっぽうしんり》を教えてくれるところは、ほかにはどこにもありません。幸福の科学学園那須《なす》本校と関西校およびHSU以外で、当会の教学をしながら学校で勉強できるところはないので、そういう意味では非常にしっかりした信仰者《しんこうしゃ》としての筋《すじ》を持っていると思います。

それから、学園生は特にそうですが、はっきり言って英語はよくできますよ。ほかの学校や大学を出た人から見ると、英語が非常によくできるのです。おそらく、HSU生もそうだろうと思います。

例えば、英検準一級は、高校の英語教員のうち、六割の人が取れればいいほうで、中学校の英語教員では三割ぐらいの人しか取れておらず、文科省の目標まで行かないらしいので、ジリジリと焦《あせ》ってはいるようです。

●**幸福の科学学園生は英語がよくできる**
二〇一六年の中高を合わせた英検の合格実績は、一級一名、準一級九名、二級四十四名、準二級六十六名となっている。

そういうなかで、ＨＳＵでは「英検準一級ぐらいは最低でも全学部の学生が取るように。国際コースは一級を取れ」というような励《はげ》ましの言葉をかけています。

まあ、全員がそこまで行くかどうかは分かりませんけれども、これはある意味、実社会で言えば、国際系の一流企業《きぎょう》で〝実戦配備〟できるレベルではあるわけです。したがって、こういうものも〝武器〟になるでしょう。

また、幸福の科学学園卒の人は、中学でオーストラリアに、高校でアメリカに一回ずつホームステイをしています。この経験も非常に貴重です。

当会の職員でも、留学したことのある人はもちろん英語ができますけれども、留学ではなく、一週間、二週間、三週間程度のホームステイを経験したぐらいの人であっても、海外に連れていくと、抜《ばっ》

幸福の科学学園の海外語学研修

幸福の科学学園中学校・高等学校（那須本校・関西校）では、毎年、中学3年生がオーストラリアで7日間、高校1年生がアメリカ西海岸で9日間の海外語学研修を行っている。ホームステイや各種施設の訪問、現地校との交流などを通して国際人を目指す。

上写真：2016年にサンフランシスコを訪れた高校1年生。
右写真（上下）：2016年にオーストラリアを訪れた中学3年生。

群《ぐん》の力を発揮するんですよ。やはり違うなと感じます。

そういう人は、まあ、滞在《たいざい》した日数自体は大したことがないので、知識的なものや経験的なものはそれほど大きいわけではありませんが、マインドの問題でしょうね。

つまり、「実際に未知のところに行って冒険《ぼうけん》をして、経験を積みたい」というようなマインドと、異文化コミュニケーションで苦労した体験や迷子《まいご》になった体験、歯がゆい体験などから悔《くや》しい思いをして、「何とかもう少し学力をつけたい」と思って修行《しゅぎょう》を諦《あきら》めないところのあたりが役に立つのではないでしょうか。実際に職員を見ているかぎりでは、ホームステイをしたぐらいの人でも、そうとう役に立ちます。

おそらく、当会の在家《ざいけ》信者の企業、大黒天《だいこくてん》系の企業は、これから国内で大きくなって海外にも出店したり、あるいは外国のお客様との商談で輸出・輸入もするようになるところもあるでしょうが、そういうときに「人を使いたい」と思うなら、やはり、幸福の科学学園やＨＳＵ系の人はとても役に立つと思います。いわゆる文科省が大推奨《だいすいしょう》するような普通《ふつう》の学校よりも、「ずっと役に立つ人材」が育っていると思うので、自信を持っていいでしょう。

資格取得やクラブ活動の実績も〝武器〟になる

大川隆法　まあ、今のＨＳＵ生には、当会への出家か、当会の関連企業、大黒天関係の企業に行きたい人が多いようですが、一部にはそれ以外のところに行きたい人もいることはいます。そのためにも、〝武器〟は持っておいたほうがよいでしょう。

ですから、取れる資格などがあれば取得しておいてください。

「英語検定」でも「秘書検定」でもほかのものでもいいのですが、

取れるものは何か取っておいたほうがいいわけです。

また、他人《ひと》ができないような経験もしておいたほうがよいでしょう。それは、「文化クラブ」でも「運動部」でも何でもいいのですが、何か経験があればプラスになると思います。

例えば、「チアダンス●で世界大会に行った」という経験も十分な売り込《こ》みの材料になるわけです。「私はそれだけの大舞台《おおぶたい》に強い！」ということだって、かなりの力にはなるでしょうね。

そういう意味で、何か他人に誇《ほこ》れる経験はつくったほうがいいと思います。

幸福の科学の教学で磨《みが》かれる「管理職の考え方」「人間力」

大川隆法　ともかく、文科省が就職させてくれるわけではありません。やはり、会社側が考えているのは、基本的に、「その人を採用

●チアダンス
幸福の科学学園那須本校のチアダンス部中学チームは、全国大会で四年連続優勝、世界大会で二度の優勝を飾っている（二〇一七年三月現在）。また、同学園関西校の中学女子ダンス部は、二〇一六年の世界大会で部門準優勝に輝いた。

して、自分たちのところで何かプラスになるかどうか」ということなので、最低でも給料分の損《そん》で止めたいところではあるけれども、給料以上の損を出すような人は欲しくないわけです。

まあ、以前、「給料の十倍働け」と述べたこともありますが（『成功の法』〔幸福の科学出版刊〕参照）、そのくらい働いてくれる人であれば、実際はどこだって大歓迎《だいかんげい》でしょう。

とはいえ、昔に戻《もど》ってみると、明治生まれで偉《えら》くなったような人たちには、小学校卒や小学校中退ぐらいでも実業家として成功した人がたくさんいらっしゃるのです。それと比べれば、はるかに優《すぐ》れた足場に立っているので、道は拓《ひら》けると思いますよ。

それから、幸福の科学学園生やHSU生は、中高や大学をつくる「創立期」のところを経験しているので、これが「起業家精神」としては役に立つこともあるでしょう。

『成功の法』
愛なき成功は真の成功ではない。すべてのビジネスパーソンに贈る成功哲学の決定版。（大川隆法著、幸福の科学出版刊）

なお、当会系ではない学校にいる信者子弟《してい》のみなさんに述べるとすると、幸福の科学の教学として学んだことのなかには、実は「大人が管理職になっていくときに非常に必要になる内容」がたくさん入っています。そういう意味での「帝王学《ていおうがく》のもと」というか、「人を使えるような人間になるための学問」が数多く詰《つ》まっているわけです。そういうものを学んでいるので、そんなところを「人間力の強さ」として売り込み材料に使っていけば、必ずや道は拓けるでしょう。

そういう仏法真理にまったく触《ふ》れたことがない学生との「差」は、面接をしてみたら明らかだと思います。話の内容からして、とても達観《たっかん》した人のように見えるはずです。当会の勉強をしていると、「十歳《さい》ぐらい年上の人かな」と思うほどの感じを受けるかもしれません。大人びた思考ができて、落ち着いた人格、練《ね》れた人格のようなものを感じるはずなので、それを上手にプロデュースして自分を売り込めば、就職できるのではないでしょうか。

また、「経営」や「経済」、あるいは「起業する方法」について、これだけ教えてくれる宗教はめったにないので、とてもありがたいところではあるのです。

その意味では、こちらから小判《こばん》を撒《ま》いているわけではありませんが、ご利益《りやく》は必ずついてくるようになっていますので、普通に会社に勤めている人にとっても、仕事ができるようなヒントがたくさん盛り込まれていると思います。

したがって、信仰を思いきり外に出していいかどうかは別として、自信は持ってください。


あなたの「人間性の核心《かくしん》」をどう見せるかの智慧《ちえ》を持て

大川隆法　幸福の科学学園卒の人たちが一般《いっぱん》大学に行くと、多勢に

就活ゆうしゃは
天命に生きる
スーパーゆうしゃになった！

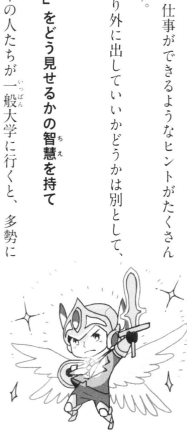

無勢《ぶぜい》で負けてしまうこともあります。そこで幸福の科学のPRをしようとして、逆にへこまされ、性格的にえぐれて落ち込んでいく人がときどき出てくるのを見受けます。ただ、それは「自分の出し方」について、もう少し気をつけなければいけないということです。やはり、世間《せけん》的な工夫《くふう》も必要ではないでしょうか。

人間には、「他人に知られてもいい部分」と、「自分だけの秘密の部分」と、「曖昧《あいまい》な領域の部分」とがあります。家族でも知っている部分と知らない部分とがあるんですよ。そのあたりの濃淡《のうたん》の部分をどういうふうに見せていくかというところは、「人間としての智慧《ちえ》の部分」だと思うんですね。

「信仰《しんこう》の部分」は、人間性の核心《かくしん》に当たる部分に近いので、ポーカーで言えば、要するに、「勝負のカード」に当たるわけです。勝負のカードというのは、そんなに早く、さっさと出していいものではないということは知っておいてください。「ここ一番」のときに使うカードになるので、それは知っておいたほうがいいと思いますね。「それを安売りしては相成《あいな》らん」ということです。

やはり、相手が人間的に関心を持って、その深さを辿《たど》っていったら、分かる人には分かってくると思います。ただ、そのように、もっと話ができるような人もいるとは思いますけれども、一般社会ではまだまだ少ないので、そのことは、ある程度、知っておいたほうがいいでしょう。昔から言うとおり、「敷居《しきい》を跨《また》いで外へ出れば、七人の敵あり」というぐらいの感じで思っておかなければいけないので、〝武装〟すべきところも必要だと思います。そのなかで、「仕事は仕事、信仰は信仰」ということで割り切らなければいけない場合もあるし、ある程度、両立する場合もあるでしょう。

あるいは、信者系の企業に勤めたとしても、そのなかにいる人たちの〝信仰の濃淡〟はあるはずなので、信仰の出し方についての適度な差はあるだろうと思います。そのあたりを考えてください。

まあ、幸福の科学を支援《しえん》してくださっている大黒天企業は、だいたい数十人から数百人ぐらいの規模のところが多いとは思います。それだけの人を採用するには、当会の信者会員だけではなくて、一般の人も大勢採用しているはずなんですね。ちゃんと企業のニーズに合った人ならば採用しているはずです。

もちろん、そこの経営者は信者であることが多いでしょうが、幸福の科学で勉強した人を採ってくれる場合は、そうとう信用してくれていますので、例えば、財務や経理、人事や総務、研修部門のようなところに置いても心配がない人材だろうと思われているでしょう。

要するに、幸福の科学系の人材の場合は「腹心《ふくしん》の部下」というか、

「信仰の面から見て、自分を裏切らないし、寝首《ねくび》をかいたりはしないタイプの人だろう」と信じているとと思うんですよ。

やはり、その「信頼《しんらい》」を裏切らないように活躍《かつやく》してもらうことが、後進の者へも必ず道を拓くことになると思いますね。

三宅　本日は「就活必勝対談」と題して、就活に勝つ方法や勉強法、心構え等、多くのことを学ばせていただきました。大川隆法総裁先生、大川紫央総裁補佐、本当にありがとうございました。

大川紫央・池田　ありがとうございました。

就活の極意

- 会社側が考えているのは、「その人を採用して、自分たちのところで何かプラスになるか」ということ。
- （幸福の科学の考え方を）学ぶなかに、「管理職になっていくときに非常に必要になる内容」「人を使えるような人間になるための学問」が数多く詰まっている。
- 学んだことを、「人間力の強さ」として売り込み材料に使っていけば、必ずや道は拓ける。

あとがき

当会の大川紫央総裁補佐や人事局長、学生局長との就活談話である。読む人それぞれに役に立つところがあるだろう。とにかく就活をする際には、その会社のトップがどういう人で、どんな人材を求めているかを良く知ることだ。

自分の天命を知る旅は、厳しかろう。ただ、第一志望のところに決まらなくとも、自分の進んだ先を天職だと思い一生懸命《いっしょうけんめい》に努力していくと、意外な出世をしたり、別の道が開けてくることもある。

私自身は就活は五日間ぐらいで終わったが、皆が行きたがるところよりも、自分を最も欲しがる会社に就職した。結果、「給料はもらえるわ、経営幹部として鍛《きた》えてくれるわ、ニューヨークには赴任《ふにん》させてもらえるわ、世界経済を知り、財務・人事のエキスパートにはなるわ」で、幸福の科学を創るための最短の準備となった。しかし私は会社の悪口を言ったこともないし、他人の十倍以上の貢献をし、感謝もしていた。

全てが天職への道だと心得ておれば、人生、後悔もないものだ。

二〇一七年　三月七日

幸福《こうふく》の科学《かがく》グループ創始者兼総裁《そうししゃけんそうさい》　大川隆法《おおかわりゅうほう》

『「天職」を発見する就活必勝の極意』大川隆法著作関連書籍

『成功の法』（幸福の科学出版刊）
『政治哲学の原点』（同右）
『Think Big!』（同右）
『未知なるものへの挑戦』（ＨＳＵ出版会刊）

※左記は書店では取り扱っておりません。最寄りの精舎・支部・拠点までお問い合わせください。
『善川三朗　大悟35周年を語る』（宗教法人幸福の科学刊）
『就活必勝法』（大川紫央 著　同右）

「天職《てんしょく》」を発見《はっけん》する就活必勝《しゅうかつひっしょう》の極意《ごくい》

2017年3月15日　初版第1刷

著　者　　大《おお》川《かわ》隆《りゅう》法《ほう》

発行所　　幸福の科学出版株式会社

〒107-0052 東京都港区赤坂2丁目10番14号
TEL(03)5573-7700
http://www.irhpress.co.jp/

印刷・製本　株式会社 堀内印刷所

落丁・乱丁本はおとりかえいたします

ISBN978-4-86395-880-7 C0030

大川隆法ベストセラーズ・ビジネスパーソンに贈る

仕事ができるとは どういうことなのか

無駄仕事をやめ、「目に見える成果」を出す。一人ひとりが「経営者の目」を持つ秘訣や「嫌われる勇気」の意外な落とし穴など、発展する智慧が満載！

1,500円

女性が営業力・販売力を アップするには

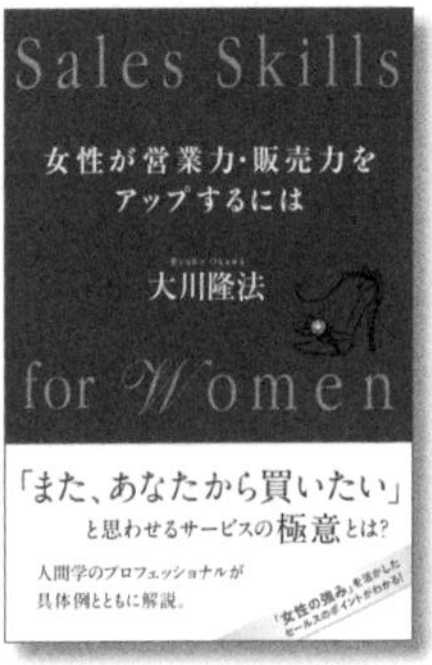

一流の営業・販売員に接してきた著者ならではの視点から、「女性の強み」を活かしたセールスポイントを解説。お客様の心を開く具体例が満載。

1,500円

サバイバルする 社員の条件

リストラされない幸福の防波堤

能力だけでは生き残れない。不況の時代にリストラされないためのサバイバル術が語られる。この一冊が、リストラからあなたを守る！

1,400円

※表示価格は本体価格（税別）です。

大川隆法ベストセラーズ・仕事能力を高めるヒント

凡事徹底と静寂の時間

現代における"禅的生活"のすすめ

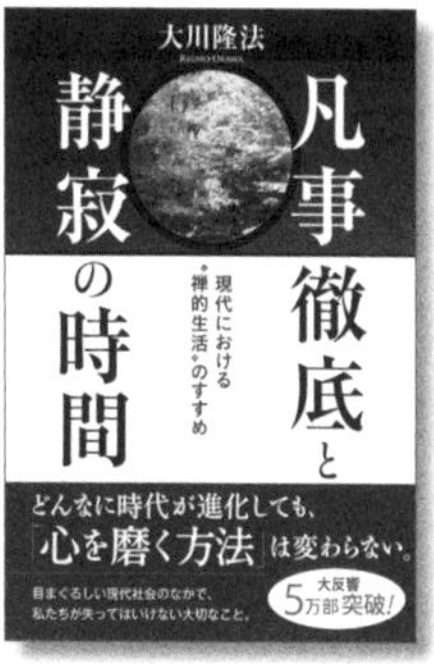

忙しい現代社会のなかで"本来の自己"を置き忘れていないか？「仕事能力」と「精神性」を共に高める"知的生活のエッセンス"がこの一冊に。

1,500円

大学生からの超高速回転学習法

人生にイノベーションを起こす新戦略

試験、語学、教養、専門知識……。限られた時間のなかで、どのように勉強すれば効果が上がるのか？大学生から社会人まで、役立つ智慧が満載！

1,500円

創造する頭脳

人生・組織・国家の未来を開くクリエイティビティー

最新の世相・時局を自由自在に読み解きつつ、どんな局面からも「成功」を見出す発想法を指南！現代を生き抜くための「実践兵法」をあなたへ。

1,500円

大川紫央 著作シリーズ

太陽に恋をして

ガイアの霊言

大川隆法　大川紫央　著

地球文明を創造した「始原の神アルファ」。そして、それを支えた「女神ガイア」――。六億年の時をへて、「真の創世記」が語られる。

1,600円

「パンダ学」入門

私の生き方・考え方

大川紫央　著

忙しい時でも、まわりを和《なご》ませ、癒やしてくれる――。その「人柄」から「総裁を支える仕事」まで、大川隆法総裁夫人の知られざる素顔を初公開！

1,300円

20代までに知っておきたい "8つの世渡り術"

パンダ学入門<カンフー編>

大川紫央　著

目上の人との接し方や資格・進路の選び方など、社会の"暗黙ルール"への対処法を分かりやすくアドバイス。大反響「パンダ学シリーズ」第2弾。

1,300円

※表示価格は本体価格（税別）です。

運命を変える、
もうひとつの世界。
君のまなざし
製作総指揮・原案／大川隆法
梅崎快人 水月ゆうこ 大川宏洋 手塚理美 黒沢年雄 黒田アーサー 日向丈 長谷川奈央 合香美希 春宮みずき
(特別出演)
監督／赤羽博 総合プロデューサー・脚本／大川宏洋 音楽／水澤有一 製作・企画／ニュースター・プロダクション 制作プロダクション／ジャンゴフィルム
配給／日活 配給協力／東京テアトル ©2017 NEW STAR PRODUCTION
5.20(土) ROADSHOW

幸福の科学グループのご案内

宗教、教育、政治、出版などの活動を通じて、地球的ユートピアの実現を目指しています。

幸福の科学

一九八六年に立宗。信仰の対象は、地球系霊団の最高大霊、主エル・カンターレ。世界百カ国以上の国々に信者を持ち、全人類救済という尊い使命のもと、信者は、「愛」と「悟り」と「ユートピア建設」の教えの実践、伝道に励んでいます。

（二〇一七年三月現在）

愛

幸福の科学の「愛」とは、与える愛です。これは、仏教の慈悲《じひ》や布施《ふせ》の精神と同じことです。信者は、仏法真理をお伝えすることを通して、多くの方に幸福な人生を送っていただくための活動に励んでいます。

悟り

「悟り」とは、自らが仏の子であることを知るということです。教学《きょうがく》や精神統一によって心を磨き、智慧《ちえ》を得て悩みを解決すると共に、天使・菩薩《ぼさつ》の境地を目指し、より多くの人を救える力を身につけていきます。

ユートピア建設

私たち人間は、地上に理想世界を建設するという尊い使命を持って生まれてきています。社会の悪を押しとどめ、善を推し進めるために、信者はさまざまな活動に積極的に参加しています。

国内外の世界で貧困や災害、心の病で苦しんでいる人々に対しては、現地メンバーや支援団体と連携して、物心両面にわたり、あらゆる手段で手を差し伸べています。

年間約３万人の自殺者を減らすため、全国各地で街頭キャンペーンを展開しています。

公式サイト　www.withyou-hs.net

ヘレン・ケラーを理想として活動する、ハンディキャップを持つ方とボランティアの会です。視聴覚障害者、肢体不自由な方々に仏法真理を学んでいただくための、さまざまなサポートをしています。

公式サイト　www.helen-hs.net

INFORMATION

お近くの精舎・支部・拠点など、お問い合わせは、こちらまで！

幸福の科学サービスセンター

TEL. 03-5793-1727（受付時間 火〜金：10〜20時／土・日・祝日：10〜18時）

幸福の科学 公式サイト happy-science.jp

幸福の科学グループの教育・人材養成事業

ハッピー・サイエンス・ユニバーシティ

Happy Science University

ハッピー・サイエンス・ユニバーシティとは

ハッピー・サイエンス・ユニバーシティ（HSU）は、大川隆法総裁が設立された
「現代の松下村塾」であり、「日本発の本格私学」です。
建学の精神として「幸福の探究と新文明の創造」を掲げ、
チャレンジ精神にあふれ、新時代を切り拓く人材の輩出を目指します。

学部のご案内

人間幸福学部

人間学を学び、新時代を切り拓くリーダーとなる

経営成功学部

企業や国家の繁栄を実現する、起業家精神あふれる人材となる

未来産業学部

新文明の源流を創造するチャレンジャーとなる

未来創造学部

時代を変え、未来を創る主役となる

政治家やジャーナリスト、ライター、俳優・タレントなどのスター、映画監督・脚本家などのクリエーター人材を育てます。4年制と短期特進課程があります。

・4年制

１年次は長生キャンパスで授業を行い、２年次以降は東京キャンパスで授業を行います。

・短期特進課程（２年制）

１年次・２年次ともに東京キャンパスで授業を行います。

HSU未来創造・東京キャンパス
〒136-0076
東京都江東区南砂2-6-5
Tel.03-3699-7707

〒299-4325
千葉県長生郡長生村一松丙 4427-1　TEL.0475-32-7770

教育

学校法人 幸福の科学学園

学校法人 幸福の科学学園は、幸福の科学の教育理念のもとにつくられた教育機関です。人間にとって最も大切な宗教教育の導入を通じて精神性を高めながら、ユートピア建設に貢献する人材輩出を目指しています。

幸福の科学学園

中学校・高等学校（那須本校）
2010年4月開校・栃木県那須郡（男女共学・全寮制）
TEL 0287-75-7777
公式サイト happy-science.ac.jp

関西中学校・高等学校（関西校）
2013年4月開校・滋賀県大津市（男女共学・寮及び通学）
TEL 077-573-7774
公式サイト kansai.happy-science.ac.jp

仏法真理塾「サクセスNo.1」 TEL 03-5750-0747（東京本校）
小・中・高校生が、信仰教育を基礎にしながら、「勉強も『心の修行』」と考えて学んでいます。

不登校児支援スクール「ネバー・マインド」 TEL 03-5750-1741
心の面からのアプローチを重視して、不登校の子供たちを支援しています。
また、障害児支援の**「ユー・アー・エンゼル!」運動**も行っています。

エンゼルプランV TEL 03-5750-0757
幼少時からの心の教育を大切にして、信仰をベースにした幼児教育を行っています。

シニア・プラン21 TEL 03-6384-0778
希望に満ちた生涯現役人生のために、年齢を問わず、多くの方が学んでいます。

NPO 活動支援

ブログ blog.mamoro.org

学校からのいじめ追放を目指し、さまざまな社会提言をしています。また、各地でのシンポジウムや学校への啓発ポスター掲示等に取り組む一般財団法人「いじめから子供を守ろうネットワーク」を支援しています。

公式サイト mamoro.org
相談窓口 TEL.03-5719-2170

政治

幸福実現党

内《ない》憂《ゆう》外《がい》患《かん》の国難に立ち向かうべく、二〇〇九年五月に幸福実現党を立党しました。創立者である大川隆法党総裁の精神的指導のもと、宗教だけでは解決できない問題に取り組み、幸福を具体化するための力になっています。

幸福実現党 釈量子サイト
shaku-ryoko.net
Twitter
釈量子@shakuryoko
で検索

党の機関紙
「幸福実現NEWS」

幸福実現党 党員募集中

あなたも幸福を実現する政治に参画しませんか。

○ 幸福実現党の理念と綱領、政策に賛同する18歳以上の方なら、どなたでも党員になることができます。
○ 党員の期間は、党費（年額 一般党員5千円、学生党員2千円）を入金された日から1年間となります。

党員になると

党員限定の機関紙が送付されます。
（学生党員の方にはメールにてお送りします）
申込書は、下記、幸福実現党公式サイトでダウンロードできます。

住所：〒107-0052
東京都港区赤坂2-10-8 6階
幸福実現党本部

TEL 03-6441-0754
FAX 03-6441-0764
公式サイト hr-party.jp
若者向け政治サイト truthyouth.jp

幸福の科学グループ事業

出版メディア事業

幸福の科学出版

大川隆法総裁の仏法真理の書を中心に、ビジネス、自己啓発、小説など、さまざまなジャンルの書籍・雑誌を出版しています。他にも、映画事業、文学・学術発展のための振興事業、テレビ・ラジオ番組の提供など、幸福の科学文化を広げる事業を行っています。

アー・ユー・ハッピー？
are-you-happy.com

ザ・リバティ
the-liberty.com

幸福の科学出版
TEL **03-5573-7700**
公式サイト **irhpress.co.jp**

THE FACT
ザ・ファクト
マスコミが報道しない「事実」を世界に伝えるネット・オピニオン番組

Youtubeにて随時好評配信中！

ザ・ファクト　検索

ニュースター・プロダクション

NEW STAR PRODUCTION

ニュースター・プロダクション（株）は、新時代の“美しさ”を創造する芸能プロダクションです。2016年3月には、映画「天使に“アイム・ファイン”」を公開。2017年5月には、ニュースター・プロダクション企画の映画「君のまなざし」を公開予定です。

公式サイト **newstarpro.co.jp**